경영분석 이해

한 동 협 저

청목출판사

머리말

우리나라 경제에서 기업경영이 차지하는 부분은 실로 막대하다고 할 수 있다.

경영분석은 우리사회에서 중요한 역할을 담당하고 있는 기업이 건강한지 여부의 과학적인 분석을 하는 학문이다.

본 저서는 투자의 관점에서 뿐만 아니라 기업을 진단하고 평가하는 기업 경영분석의 관점에서 집필되었다.

기업이 올바르게 평가를 받을 때만이 자원이 효율적으로 배분이 되고 경제가 발전할 수 있기 때문이다.

기업은 자본을 투자하여 영업활동을 하면서 이익이 발생하면 주주에게 배당하고 성장을 위한 재투자의 과정을 반복하면서 이해관계자에게 영향을 미친다.

본 저서도 계량적인 분석을 통해 이해관계자들에게 합리적인 의사결정을 하도록 하는데 중점을 두었다.

재무제표를 중심으로 한 과거의 경영분석은 새로운 환경변화에 대한 다양한 요인을 고려한 분석이 곤란한 점이 있다.

이 책은 이러한 문제점을 고려하여 경영분석을 이해관계자에게 종합적인 분석을 하는데 초점을 맞추었다.

제1장은 경영분석의 개요를 소개하였고,

제2장은 전통적 경영분석인 재무비율 분석의 내용을 소개하였다.

제3장은 응용된 재무분석인 종합적인 재무분석을 설명하였다.

제4장은 미래가치와 현재가치를 중심으로 화폐의 시간적 가치를

설명하였다.

제5장은 주식과 채권의 평가방법을 설명하였다.

제6장은 포트폴리오의 이론을 설명하였다.

제7장은 손익분기점의 분석과 각종 레버리지 내용을 소개하였다.

제8장은 경영분석의 거시요인인 질적 경영분석을 소개하였다.

제9장은 기업부실의 예측방법을 소개하였고,

제10장에서는 기업의 인수・합병을 설명하였다.

2013년 8월

저자

차 례

1
chapter

경영분석의 개요

경영분석이란 경영자, 투자자, 금융기관 등 기업의 이해관계자가 기업에 관련된 정보를 수집하고 분석하는 것이다.

이러한 분석에는 재무제표를 중심으로 한 계량화된 정보를 분석하는 것과 기업환경, 경영자의 능력 등 비계량화된 정보를 분석하는 것도 포함한다.

좁은 의미의 경영분석은 재무제표를 중심으로 기업의 경영실적이나 재무상태를 분석하는 것이고, 넓은 의미의 경영분석은 증권관련 자료를 포함해 재무제표에 포함되지 않은 질적요인까지를 포함한다.

제 1 절 내부이해관계자

기업의 내부관계자로는 경영자와 종업원을 들 수 있는데 경영자는 경영전략을 수립하는데 회사의 문제점을 파악함으로써 강점은 보강하고 약점은 보완할 수 있다.

경쟁기업의 분석과 인수대상 기업의 분석은 경영성과와 경영전략에 도움을 줄 수 있다.

또한 종업원은 노사협상을 하는데 정당한 요구를 할 수 있는 자료를 얻을 수 있다.

제 2 절 외부이해관계자

기업의 외부관계자로는 금융기관, 투자자를 들 수 있다.

금융기관은 기업이 대출을 할 때 상환능력이 있는지의 여부를 파악하기 위해서 신용평가 분석을 한다.

또한 투자자는 특정회사의 주식이나 채권을 처분하는데 유용한 정보를 얻을 수 있다.

주식평가에서 예상되는 이익을 예측하여 주식의 내재가치를 계산함으로써 주식투자의 정보를 제공받는다.

2
chapter

재무비율

기업의 목표는 기업가치의 최대화인데 이는 주주부의 극대화를 의미한다. 이를 위하여서는 경영성과를 높여야 하는데 자금운용과 자금조달이 합리적으로 이루어져야 한다. 재무분석은 재무에 관련된 의사결정을 하는데 필요한 정보를 분석하는 것이다.

일반적으로 재무분석은 광의의 재무분석과 협의 재무분석으로 나누어지는데, 광의의 재무분석은 투자활동, 자본조달 등 재무활동의 전반을 분석하는데 반해, 협의 재무분석은 재무제표를 중심으로 재무상태와 영업상태를 의미한다.

재무분석중 재무비율(financial ration)은 재무제표상에 나타난 기업의 재무상태나 경영성과를 파악하는 것으로서 자료의 수집이나 작성, 해석이 간편한 경영분석의 방법이다. 따라서 기업의 신용평가 여신결정, 기업불실 예측 등 사용범위가 증가하고 있다.

재무비율의 계산은 한 항목의 수치를 다른 항목의 수치로 나누어 사용되는데, 재무비율을 이용할 때는 사용목적에 적합한 비율을 계산하여 기준이 되는 비율과 비교하게 된다.

이와 같이 비율분석은 자료수집이 용이하며, 시간절감과 비용절감을 가져다준다.

제 1 절 재무제표

재무제표란 경영활동의결과 나타난 경영성과와 재무상태를 나타낸 회계정보를 말한다.

비율분석의 기초인 대차대조표와 손익계산서를 이용하여 재무비율을 설명하기로 한다.

1. 1 대차대조표

대차대조표는 일정시점에서 기업의 재무상태를 나타낸 것으로 자산 부채 · 자본의 구성을 나타낸다.

기업은 영업활동을 하기 위하여 필요한 자산을 취득하는데 자산의 구성은 유동자산과 고정자산(비유동자산)으로 구분된다. 조달된 총자본은 유동부채, 고정부채(비유동부채) 및 자본으로 나눈다. 즉 기업의 자금조달과 운용상태를 나타낸 것이 대차대조표이다.

대차대조표의 오른쪽에 자금의 조달 원천을 나타내고 왼쪽에 자금의 운용상태를 나타낸다고 할 수 있다.

다음의 표는 A주식회사의 201×년 12월 31일 시점의 대차대조표이다.

차변		대변	
		유동부채	210
유동자산	250	외상매입금	50
현금과예금	100	단기차입금	110
외상매출금	70	미지급금	50
재고자산	80	고정부채	120
고정자산	300	장기차입금	75
토지건물	150	사채	45
기계설비	90	자본	220
기타고정자산	60	자본금	130
		유보이익	90
총자산	550	부채와 지본합계	550

총자산 550억은 부채 330억과 자본 220억으로 조달되었음을 나타낸다.

이 표는 단순화한 것이며, 실제에 있어서는 훨씬 복잡한 항목들로 구성된다. 자산과 부채의 가치를 보여주고 있는데, 이것은 현재가치가 아니고 역사적 원가를 중심으로 계산된 장부상의 가치이다.

1.2 손익계산서

다음의 표는 A주식회사의 201×년 1월 1일부터 201×년 12월 31일까지 1년 동안의 경영성과를 나타낸 손익계산서이다.

매출액 매출원가	500 400
매출총이익 판매비와 일반관리비	100 50
영업이익 영업외수익 영업외비용	50 12 15
경상이익 특별이익 특별손실	47 7 14
법인세차감전순이익 법인세(12%)	25 3
당기순이익	22

손익계산서는 일정기간 동안의 경영성과를 나타내는 표이다.

경영활동의 결과로 나타나는 수익과 비용을 대응시켜 손익을 얼마나 보았는지를 계산하고 손익이 어떤 경영활동에서 발생하였는가를 나타낸다.

기업고유의 영업활동인 생산이나 판매결과로 발생한 손익을 영업이익이라 하고 영업외적인 이자·지급 결과로 발생한 손익을 영업외 손익이라 한다. 기업의 영업활동에서 얻는 현금흐름은 자산을 활용한 결과로 얻는 자산운영의 현금흐름인데 매출액 영업이익 당기순이익의 순서로 측정된다. 또한 자본사용의 대가는 자본비용으로 측정되는데 이자비용과 배당비용이다.

대차대조표상의 총자산 효율성은 손익계산서의 영업이익에 나타나고 대차대조표상의 부채 및 자본의 비용은 영업이익 이후 계정에서 나타난다.

기업이 자산을 보유하고 활동하는 목적은 영업활동을 통하여 현금흐름을 얻기 위함인데 손익계산서상의 영업이익에서 정보를 얻을 수 있다. 영업활동을 위한 투입량과 영업활동의 결과인 산출량을 비교하는 것이다.

또한 자본사용에 대한 현금유출에 대한 정보는 손익계산서의 영업이익 이후의 정보로부터 얻는다. 이자비용은 부채 사용에 대한 자본비용이고 당기순이익은 자기자본 사용에 대한 자본비용이다.

이 표도 실제 기업에서 발표하고 있는 손익계산서보다 단순하게 작성된 것이라 할 수 있다.

1.3 표준비율의 설정

기업의 재무상태와 경영성과를 분석하기 위해서 계산된 재무비율은 독자적으로 평가하기가 곤란한 경우가 많다.

어느 한 기업의 재무상태와 경영성과를 분석하기 위하여 계산된 재무비율을 비교·평가할 기준이 필요하다. 예를 들어 어느 기업에서 총자본이익률이 20%라고 할 때, 이 비율이 좋으냐 나쁘냐를 알아보기 위해서는 판단기준이 필요하다. 이때에 그 기준이 되는 비율을 표준비율(standard ratio, benchmarks)이라 한다. 비율분석에서 표준으로 삼는 비율은 대체로 다음과 같다.

첫째, 자기기업의 과거비율을 표준비율로 하는 경우인데, 특정계정과목의 변동원인을 쉽게 발견할 수 있다. 과거비율을 표준비율로 이용할 때에는 지난해의 비율을 이용하거나, 과거 수년간의 비율을 평균하여 이용한다.

둘째, 가장 많이 쓰는 방법으로서 우리나라 각 산업의 평균비율은 매년 출간되는 한국은행의 〈기업경영분석〉과 산업은행의 〈재무분석〉에서 찾을 수 있는데, 그 기업과 동일한 산업에 속해 있는 많은 기업들의 평균비율, 즉 산업평균비율을 비율분석의 표준으로 하는 것이다.

셋째, 기업이 당면하고 있는 여러 가지 환경요인·재무요인·경제요인 등을 분석하고, 그 기업이 처해 있는 상황에서 최적의 비율을 계량적으로 산출하여 그 비율을 표준으로 하는 것이다. 이론적인 면에서는 이 방법이 최선이라 하겠으나, 실제에서는 최적비율을 계산하기 어렵다.

실제 가장 많이 쓰이는 표준비율은 산업평균비율이지만 이것은 어느 기업이나 이용할 수 있는 절대적 최선의 비율은 아니다. 다만 어느 기업이 하나의 지침(rule of thumb)으로 사용할 수 있는 데 불과하다.

제 2 절 재무분석

기업에 관련된 이해관계자에 따라 필요로 하는 재무비율은 제각각 다른 것이 일반적이다. 또한 재무제표에서 두 항목을 선택하여 나타낼 수 있는 비율은 수없이 많은데, 이 많은 비율들은 여러 가지 방법으로 분류되어 사용된다.

이 책에서는 재무비율을 그 비율이 나타내는 의미를 기준으로 다음과 같은 다섯 가지로 분류하였다.

① **유동성비율**(liquidity ratio): 단기채무를 상환할 수 있는 능력을 나타내는데, 보통 짧은 기한(보통 1년)내에 갚아야 되는 채무를 이행할 수 있는 기업의 능력을 측정하는 비율이다.

② **레버리지비율**(leverage ratio): 타인자본이 자본 중에서 차지하는 비율로 부채성비율이라고도 하며, 기업의 타인자본의존도와 타인자본이 기업에 미치는 영향을 측정하는 비율이다.

③ **활동성비율**(activity ratio): 특정자산의 효율적인 이용을 나타내는 것으로 자산의 물리적 이용도를 측정하는 비율이다.

④ **수익성비율**(profitability ratio): 투하자본에 대한 경영성과를 나타내는 비율인데, 경영의 총괄적인 효율성의 결과를 매출에 대한 이익이나 투자에 대한 이익으로 나타내는 이익창출 능력이다.

⑤ **생산성비율**(productivity ratio): 기업이 생산 활동에 투하하고 있는 인적·물적 자원의 능률과 업적을 평가하는 비율이다.

위의 기본적인 비율들 외에, 기업의 주식에 대한 관심이 높아져 기업의 가치평가에 있어 주식가격이 매우 중요한 의미를 갖기 때문에 주식가격과 관련된 비율을 시장가치비율이라 한다.

⑥ **시장가치비율**(market value ratio): 기업의 가치를 평가하는 척도가 주가이므로 주식가격과 관련된 비율이다. 시장가치비율은 주식가격과 재무제표상에 나타나는 다른 재무요인과의 관계를 나타내는 비율로서, 재무제표에 나타나는 항목들만으로 계산되는 다른 비율들과는 성격이 다르다.

재무제표상의 여러 항목 중에서 중요한 재무비율만 설명하기로 한다.

2.1 유동성비율

유동성(liquidity)은 재무위험을 측정하는 비율로서, 기업이 단기부채를 상환할 수 있는 능력으로 정의된다. 엄밀히 말하자면 유동성이란 현금 또는 1년 이내에 현금화될 수 있는 유동자산과 1년 이내에 지불해야 하는 유동부채 간의 비율로서 기업이 현금을 동원할 수 있는 능력이라 할 수 있다.

이러한 유동성을 보여주는 비율들을 유동성비율이라 하며, 이는 기업에 돈을 빌려준 채권자들이 가장 중시하는 비율이다. 대표적인 유동성비율로는 유동비율과 당좌비율이 있다.

2.1.1 유동비율(단기지급능력)

유동비율(current ratio)은 대차대조표상에 있는 유동자산을 유동부채로 나눈 것으로 기업의 단기부채 상환능력을 나타낸 것이다. 유동자산에는 1년 이내에 현금화되는 자산으로 현금, 시장성이 있는 유가증권, 외상매출금과 재고자산 등이 포함된다. 그리고 유동부채에는 장기부채 중 1년 내에 만기가 되는 부분과 외상매입금, 미지급비용 등의 단기부채가 포함된다.

유동비율은 기업의 유동성을 측정하는 데 가장 많이 사용되는 비율이다. 이 비율은 비율분석에서 가장 중요하다.

201×년 말의 A주식회사의 유동비율은 119.0%이다.

유동비율= 유동자산/유동부채 × 100
= 250/210 × 100 = 119 (산업평균 = 101%)

A주식회사의 유동비율은 한국은행 기업경영분석이 제시한 A주식회사가 속한 산업 평균비율 101.3%보다 높다. 유동비율이 높다는 것은 어떤 의미를 가지고 있는 것일까? 이것은 같은 산업의 다른 기업들보다 A주식회사의 단기부채 지급능력이 높다는 것을 뜻한다. 이는 단기부채를 제공한 채권자에게 채권회수의 안정성을 제공한 것이다.

그러나 유동자산은 높은 수익을 가져오는 자산이 아니기 때문에 유동자산이 많을 경우 수익성이 낮아질 염려가 있다. 예를 들어, 유동자산 중의 하나인 현금을 너무 많이 가지고 있다는 것은 현금을 다른 곳에 투자하여 수익을 올릴 기회를 잃고 있다는 것이다. 또한 재고자산이 많다는 것은 현금화 속도가 늦을 뿐 아니라 정당한 가격을 받지 못할 가능성도 높다고 할 수 있다. 그러므로 어떤 비율이 높다거나 낮다는 것은 모두 좋거나 나쁜 것이 아니라, 그 비율을 분석하는 입장에 따라 달라질 수 있다.

2.1.2 당좌비율

유동자산 중에서 재고자산을 제외한 부분을 유동부채로 나눈 것으로 당좌비율(quick ratio)은 엄격하게 단기부채의 지급능력을 나타낸 것이다.

유동자산 중에서 재고자산은 유동성이 가장 낮은 자산이고 현금화하는데 정당한 가격을 받지 못할 위험이 크다. 그러므로 기업이 재고자산을 처분하지 않고서도 단기부채를 갚을 수 있는가를 나타내는 비율이다.

산업의 평균당좌비율은 112.2%이므로 A주식회사는 다른 기업에 비하여 당좌비율이 매우 낮은 편이다. 산업평균보다 유동비율은 높으나 당좌비율이 낮다는 것은 A주식회사의 재고자산이 너무 많다는 것을 나타낸다. 만약 유동비율이 낮으나 당좌 비율이 높으면 재고자산이 너무 적다는 것을 의미한다.

당좌비율 = 당좌자산(유동자산-재고자산)/유동부채 × 100
= 170/210 × 100 = 48.9%(산업평균 = 112.2%)

2.2 레버리지비율(장기지급능력)

레버리지비율은 기업의 타인자본의존도를 측정하는 지표이다. 즉 주주의 자금과 채권자의 자금을 비교한 비율이다. 유동성비율은 단기채무 상환능력의 재무위험을 나타낸 것인데 반해, 레버리지 비율은 장기채무 상환능력의 재무위험을 나타낸 것이라 할 수 있다. 장기부채의 상환능력을 나타내는 부채성비율은, 기업이 타인자본에 의존하고 있는 정도를 나타내는 비율로 나타난다. 이와 관련된 비율중 하나는 대차대조표상에 나타난 비율로서 자기자본에 비하여 타인 자본이 얼마나 되는가 하는 자본구조에 관한 비율이다. 다른 하나는 손익계산서상에서 찾을 수 있는 비율로서 기업의 영업이익이 부채로 인한 금융비용의 지출을 어느 정도 감당할 능력이 있느냐 하는 재무비용에 관한 비율이다.

전자는 정적 개념(static concept)의 성격을 지니고, 후자는 동적 개념(dynamic concept)의 성격을 지닌다. 이 두 비율은 서로 보완적이므로, 재무분석을 할 때에는 두 비율을 모두 살펴보는 것이 필요하다.

예를 들어 자기자본이 적을 경우 채권자의 재무위험은 증가하는 반면 주주는 소액자본으로 기업지배권을 행사할 수 있으며 재무레버리지 효과를 볼 수 있다는 것이다.

2.2.1 부채비율

부채비율(debt-equity ratio)은 총자본을 구성하고 있는 자기자본과 타인자본의 비율을 말하는 것으로 타인자본을 자기자본으로 나눈 것이다. 타인자본은 유동부채 · 장기차입금 · 사채 등을 포함하며, 자기자본에는 보통주 · 유보이익 · 자본준비금 등이 포함된다. 부채비율의 판단은, 산업의 성격, 수익의 안정성, 영업성장등 여러 요인들을 종합적으로 판단하여야 한다.

일반적으로 경기가 좋을 때는 기업이 부채의 이자비용보다 높은 수익률을 올릴 수 있어 유리하다.

A주식회사의 부채비율은 A주식회사 산업의 평균비율 195.3%보다 낮은 150%로 나타나고 있다. 자본구조의 안정성이 좋고 불경기에 대한 대응력이 좋다고 할 수 있다.

부채비율이 낮은 기업이 파산하거나 청산하는 경우에는 채권자의 손실을 막을 수 있기 때문에 채권자의 입장에서는 부채비율이 낮을수록 좋다. 그러나 주주의 입장에서 보면 높은 부채비율이 언제나 나쁜 것만은 아니다. 예를 들어, 미래의 경기전망이 좋아서 부채사용에 따른 비용보타 큰 수익이 예상될 경우 부채비율을 높이면 주주에게 돌아가는 이익이 커질 수 있다. 또 기업이 새로운 자금조달을 할 때 보통주를 발행하면 기존 주주들의 기업지배권이 약화될 우려가 있기 때문에 타인자본으로 조달할 수도 있다.

부채비율= 타인자본/지기자본 × 100
= 330/220 × 100 = 150%(산업평균 = 195.3%)

2.2.2 이자보상비율

타인자본의 사용으로 발생하는 금융비용(이자)이 기업의 경영활동에 어느 정도의 압박을 가져오는가를 보기 위한 것이다. 즉 이자보상비율(times interest, interest coverage ratio)은 영업이익을 이자지급액으로 나눈 것이다.

기업의 영업이익(이자 및 법인세 차감 전이익)이 매년 지급해야 할 금융비용의 몇 배에 해당하는가를 나타내는 비율이 바로 이자보상비율이나. 이자비용은 법인세 차감 전 이익에서 지출되므로 이자지급능력은 세금의 영향을 제외한다.

A주식회사의 이자보상비율은 다음과 같다.

이자보상비율= 영업이익/이자비용 × 100
= 50/15 × 100 = 333%(산업평균 = 120%)

산업평균보다도 A주식회사의 이자보상비율이 높다는 것은 영업이익에 비하여 금융비용의 압박이 없다는 것을 의미한다.

2.3 활동성비율

활동성비율이란 기업의 보유자산을 얼마나 활발하게 이용하고 있는가를 측정하는 비율이다. 매출액을 각 자산항목으로 나누어 평가한다.

이와 같은 비율들은 매출액에 대한 각 중요자산의 회전율로 표시되는 것이 보통이다.

매출액을 총자산으로 나누면 총자산회전율이 되고, 매출액을 매출채권으로 나누면 매출채권회전율, 재고자산으로 나누면 재고재산회전율이 된다. 여기서 회전율이란 자산의 물리적 효율성(physical efficiency)을 말한다. 화폐적 성과와는 다른데, 기업의 경영성과를 화폐가치로 환산하는 효율성은 수익성비율로 나타난다.

2.3.1 재고자산회전율

재고자산회전율(inventory turnover)은 매출액을 재고자산으로 나눈 값으로, 재고자산이 얼마나 빨리 판매되는가를 나타낸다. 재고자산이 한 회계연도 즉 1년 동안에 몇 번이나 매출액(현금 또는 매출채권)으로 전환하는 회수를 의미한다.

재고자산회전율이 낮다는 것은 매출액에 비하여 과다한 재고를 가지고 있다는 것이며, 판매능률이나 생산능률이 저조하여 자금이 재고자산에 묶여 있는 기간이 장기화되고 있음을 의미한다.

또한 재고자산회전율이 높다는 것은 판매능률이나 생산능률이 타 기업보다 높고 영업활동이 높고 적은 재고자산으로 생산과 판매활동을 효율적으로 수행하고 있다는 의미도 있지만 적정한 재고자산을 보유하고 있지 않다는 것을 의미하기도 한다.

A주식회사의 재고자산회전율은 6.25회로 산업평균보다 낮다.

재고자산회전율 = 매출액/재고자산
= 500/80 = 6.25(산업평균 = 8.34)

재고자산회전율을 계산하여 분석할 때에는 다음과 같은 점을 고려해야 한다.

첫째로 매출액은 판매가격(market value)로 계산된 반면, 재고자산은 원가(historical cost)로 측정된다. 특히 판매가격과 원가의 차이가 큰 경우 일관성이 없다. 따라서 분자를 매출액 대신 매출원가로 대체하면 분모와 분자가 원가기준으로 비교기준의 일관성을 가져다준다.

둘째로 매출활동은 1년 동안 계속 일어나므로 재고자산은 1년 기간의 평균재고 수준을 의미한다. 기말재고자산은 일정시점의 크기이므로, 대차대조표상의 재고자산을 쓰는 것보다 연평균의 재고자산을 사용하는 것이 합리적이다. 특히 계절적 변동이 심한 기업의 매출액이나 재고수준을 가진 기업은 이와 같은 조정이 요구된다.

재고자산회전율 = 매출액/재고자산
= 500/80 = 6.25(산업평균 = 8.92)

2.3.2 매출채권회전율

매출채권회전율(receivables turnover)은 매출액을 매출채권으로 나누어 산출하는데 매출채권이 얼마나 빨리 회수되는가를 나타낸다. 즉 매출채권의 현금화 속도를 의미하는 것으로 같은 매출액에 비하여 외상매출금이 적을수록 매출채권관리가 효율적으로 관리된다고 볼 수 있다. 따라서 매출채권회전율은 클수록 좋다고 할 수 있다.

매출채권회전율= 매출액/매출채권

= 500/70 = 7.14(산업평균 = 5.92)

A주식회사의 매출채권회전율이 산업평균보다 크므로, 매출채권 관리를 잘하고 있다고 볼 수 있다.

매출채권회전율과 관련하여 매출채권회수기간을 계산할 수도 있다. 매출채권 회수기간은 매출채권이 발생하여 현금으로 회수될 때까지의 평균기한을 말한다. 이를 계산하기 위하여 먼저 1일 평균매출액을 구한 후 외상매출금을 1일 평균매출액으로 나누면 된다.

1일 매출액= 매출액/365

= 500/365 = 1.36

매출채권회수기간= 매출채권/1일 매출액

= 70/1.36 = 51.4일

평균회수기간을 계산하는 방법으로는 매출채권 회전율을 365로 나누어도 된다.

매출채권회수기간= 1/매출채권회전율

= 1/7.14 = 0.14년

2.3.3 총자산회전율(총자본회전율)

총자산회전율(total assets turnover)은 총자본회전율이라고도 하며 매출액을 총자산으로 나눈 것이다. 총자본(자기자본과 타인자본)은 총자산과 같으므로 총자산회전율은 총자본회전율이라고도 한다. 이 비율은 기업의 총자산(또는 총자본)이 1년에 몇 번이나 회전했는가를 나타내므로 기업이 총자산을 효율적으로 활용했는가를 종합적으로 표시한 것이다. 이 비율이 낮으면 과다투자나 비효율적인 투자를 하고 있다는 것이다.

A주식회사의 총자산회전율은 다음과 같다.

총자산회전율= 매출액/총자산

= 500/550 = 0.90(산업평균 = 0.84)

총자산회전율이 높으면 유동자산 · 고정자산 등이 효율적으로 이용되고 있다는 것을 뜻하며, 이 회전율이 낮으면 과잉투자와 같은 비효율적인 투자를 하고 있다는 것을 뜻한다.

2.4 수익성비율

지금까지 설명한 비율분석들은 기업이 어떻게 운영되고 있는가를 부분적으로 설명한 재무상태와 영업활동에 대한 분석이지만, 기업의 수익성은 기업이 1년 동안 벌어들인 영업성과를 계산하여 매출액이나 투자의 단위당 이익이 얼마인가를 나타낸 것이다.

수익성 비율은 기업의 모든 활동이 종합적으로 어떤 결과를 나타내었는가를 분석하는 것으로 이익창출능력을 평가한다.

2.4.1 총자본 순이익률

총자본 순이익률(net profit to total assets)은 당기순이익을 총자본 또는 총자산으로 나눈 비율이다. 따라서 순이익과 총자본(총자산)의 관계를 나타내는 것으로서 기업의 수익성을 나타내는 비율이다. 투자된 총자본이 단위당 얼마의 순이익을 벌어들이는지를 파악하는 지표이다. 1년 동안 투하된 총자산의 몇%가 순이익으로 발생하였는가를 나타내는 비율이다. 이 비율은 투자수익률(return of investment)이라고도 하며, 간단히 ROI로도 쓰인다. 이 ROI를 이용하여 기업전체의 경영성과 또는 재무통제를 하는 방법이 널리 이용된다. A주식회사의 총자본 순이익률은 4%이다.

총자본순이익률 = 당기순이익/총자본 × 100
= 22/550 × 100 = 4%(산업평균 = 3,65%)

변동요인을 구체적으로 분석하기 위해 총자본회전율을 이용하면

당기순이익/총자본 = 당기순이익/매출액 × 매출액/총자본
=매출액순이익률 × 총자본회전율
= 4.4% × 0.90

산업평균 총자본순이익률이 3.65%인데 비해 A주식회사의 총자본순이익률은 4%로 기업의 수익성이 높은 상태임을 보여주고 있다.

또한 채권자에게 이자가 지급되기 전의 영업이익으로 계산하는 총자산영업이익률을 사용하기도 한다.

$$총자산영업이익률 = 영업이익/총자산(총자본)$$

2.4.2 매출액순이익률

매출액순이익률(met profit to sales)은 순이익을 매출액으로 나눈 것으로서 순이익이 매출액에서 차지하는 비율이다. 매출액 1원에 대한 순이익이 얼마인가를 나타낸다. 매출마진(margin on sales)이라는 용어를 사용하기도 한다.

영업이익을 기준으로 산출하면 매출액영업이익률, 경상이익을 기준으로 산출하면 매출액 경상이익률, 당기순이익을 기준으로 산출하면 매출액순이익률이다. 이 비율은 기업의 영업활동의 성과를 총괄적으로 파악하는 비율이라 할 수 있으며, 경쟁기업의 매출액 순이익률과 비교·분석함으로써 그 기업의 경영합리화를 위한 문제점을 발견할 수 있다.

A주식회사의 매출액 순이익률은 4.4%가 된다.

$$
\begin{aligned}
매출액순이익률 &= 당기순이익/매출액 \times 100 \\
&= 22/500 \times 100 = 4.4\%(산업평균 = 3.99\%)
\end{aligned}
$$

산업평균 3.99%에 비하여 A주식회사의 매출액 순이익률이 4.4%인 것은 이 회사가 합리적인 경영을 한다는 것을 보여준다.

2.4.3 자기자본 순이익률

자기자본 순이익률(net profit to net worth)은 순이익을 자기자본으로 나눈 것으로서, 투하된 자기자본에 대한 자본사용에 대한 효율적인 이용도를 나타낸다. 즉 1원의 자기자본으로 얼마만큼 순이익을 발생시켰는가를 나타낸다. 주주는 자기자본에 대한 투자수익률이 주가에 영향을 많이 미치므로 자기자본 수익률에 많은 관심을 가지는데, 투자자금 단위당 얼마의 이익을 벌어들였는지를 파악하는 정보를 제공한다.

A주식회사의 자기자본 순이익률은 다음과 같다.

자기자본순이익률= 당기순이익/자기자본 × 100

= 22/220 × 100 = 10%(산업평균 = 1%)

자기자본순이익률=순이익/자기자본

$$=\frac{(\text{영업이익}-\text{부채비용}\times\text{부채})(1-\text{법인세})}{\text{자기자본}}$$

$$=\frac{[\text{총자본영업이익율}(\text{자기자본}+\text{부채})-\text{부채비용}\times\text{부채}](1-\text{법인세})}{\text{자기자본}}$$

$$=\frac{\text{총자본영업이익율}\times\text{자기자본}+(\text{총자본영업이익율}-\text{부채비용})\text{부채}}{\text{자기자본}}$$

$$\times(1-\text{법인세})$$

$$=[\text{총자본영업이익률}+(\text{총자본영업이익률}-\text{부채비용})\times\frac{\text{부채}}{\text{자기자본}}](1-\text{법인세})$$

기업의 자기자본 순이익률을 평가할 때는 그 기업의 자기자본비용을 고려해야 한다.

만약

자기자본순이익률 > 기업의 자기자본비용일 때는 주가상승

자기자본순이익률 < 기업의 자기자본비용일 때는 주가하락

산업평균보다 높은 자기자본순이익률을 가지고 있다는 것은 A주식회사가 능률적 경영을 하고 있거나, 또는 타인자본을 적절히 사용하고 있음을 나타낸다.

2. 5 생산성비율

생산성비율은 기업 활동의 능률을 평가하는 비율이다. 생산성을 계산하기 위해서는 투입과 산출을 분석해야 한다. 기업의 산출은 생산활동을 통한 새로운 가치를 창출한 부가가치에 의한 생산성으로 측정된다. 이는 기업이 과거의 판매실적 제일주의의 양적 성장 경영으로부터 질적성장 경영으로 기업 경영을 합리화하고 있다는 의미이다. 생산성비율을 분석하기 위하여 A주식회사의 종업원 수를 100명으로 가정한다.

2.5.1 노동생산성

노동생산성(labor productivity)은 단위 노동력당 생산성과를 나타내는 지표로서 종업원 1인당 부가가치생산액(value added per employee)을 말한다. 따라서 부가가치를 종업원수로 나누어 계산한다. 노동생산성이 높다는 것은 그만큼 종업원을 효율적으로 이용하여 부가가치를 보다 많이 산출했다는 의미이다. 노동생산성은 한 기업의 경쟁력도 측정하지만 국가경제 전반의 경쟁력을 측정하는 데에 이용된다. 그리고 종업원의 입장에서 임금인상을 요구할 수 있는 근거가 되기도 한다.

A주식회사의 1인당 총부가가치를 5,780천원이라 가정하여 A주식회사의 노동생산성을 구해 보면 다음과 같다.

산업평균 노동생산성을 7,913천원으로 가정한다면 A주식회사의 1인당 부가가치생산액은 다른 기업에 비하면 매우 낮은 것으로 볼 수 있다.

2.5.2 종업원 1인당 매출액

노동생산성과 함께 종업원 1인당 매출액으로도 그 기업의 능률을 알아볼 수 있다. A주식회사의 경우 1인당 5,800천원의 매출액을 올리고 있다.

산업평균 1인당 매출액을 27,000천원으로 가정할 때, A주식회사의 종업원 1인당 매출액은 산업평균에 미달되고 있다. 그 원인으로 제품의 경쟁력 약화, 제품의 품질저하, 과다한 고용 등에 관한 문제 등을 생각해 볼 수 있다.

2.5.3 자본생산성(총자본투자효율)

자본생산성(capital productivity)은 기업에 투자된 자본 한 단위당 얻어진 부가가치액이 얼마인가를 나타내는 비율로, 부가가치를 총자본으로 나누어 계산한다. 이 비율을 분석하여 투자된 자본이 부가가치생산에 어느 정도 이바지했는가를 알 수 있다. 새로운 투자가 없고, 이 비율이 커지면 노동생산성도 높아진다. 예를 들어 공정을 자동화하면 노동량은 감소하지만 자본투입량은 증가한다. 따라서 기업의 생산성을 측정하는 데는 자본생산성과 노동생산성과 함께 고려해야 한다.

A주식회사의 자본 1원당 부가가치액은 0.47원이라 하고, 산업평균을 0.60원으로 가정하면, A주식회사가 자본을 효율적으로 사용하고 있지 못하다는 것을 알 수 있다.

2. 6 주가관련비율

재무제표상에 나타나는 유동성 · 부채성 · 수익성 · 활동성 · 생산성 등의 분석은 기업의 재무상태나 경영성과에 대하여 정보를 제공하지만 주가의 시장가치를 제대로 반영하지 못하는 경우가 많다. 기업의 시장가치를 나타내는 비율도 기업을 분석하는 데 있어 매우 중요하다. 주가와 관련된 시장가치비율(market value ratio)은 주식투자자에게 주가에 대한 정보를 제공한다고 할 수 있다.

즉 시장가치란 증권시장에서 주식가격을 의미하는데 시장가치비율은 주가와 관련된 비율을 의미한다. 이 비율은 경제신문 또는 증권업협회에서 발행하는 〈증권시장〉이라는 일간지에서 찾아볼 수 있으며, 증권회사도 관련 자료를 발표하고 있다.

2.6.1 주당이익

주당이익(earning per share : EPS)은 당기순이익을 주식발행수로 나눈 것이다. 주식의 가격을 주식을 평가할 때 가장 기본이 되는 자료로서, 발생수식 1수당 순이익이 얼마인가를 보여주는 수치이다. EPS가 클수록 그 기업의 주식가격이 높은 것이 보통이다.

A주식회사의 발행주식수가 6,120주라고 하자. 이러한 가정 하에서 이 회사주식의 EPS는 1,470원이 된다.

주당배당(dividend per share : DPS)은 1주당 지급한 배당금을 말한다.

2.6.2 주가수익비율(주가수익배수)

주가수익비율(price/earning ratio : PER)은 주가를 주당 순이익으로 나눈 것으로서 PER라 한다. 이것은 주당 이익의 몇 배가 주식가격으로 되는가를 나타낸다.

주식가격이 1주당 순이익의 몇 배에 형성되어 있는가를 측정한 값이기 때문에 주가수익배율이라고도 한다.

높은 성장이 기대되는 기업의 이 비율이 높게 나타나며, 성장이 낮을 것이라고 생각되는 기업은 이 비율이 낮다. 그러나 다른 조건이 같은데 PER가 낮다면 저평가되어 있다고 할 수 있다.

200×년 9월 5일에 A주식회사의 주가가 80,000원이고 1주당순이익이 2,850원이면, 이 때 이 회사 주식의 PER는 28.1배이다.

PER＝현재주가/1주당 순이익＝80,000/2,850＝28.1배

주식가격은 시간에 따라 변하기 때문에 PER는 언제나 일정하지는 않다.

2.6.3 주가순자산비율(주가 대 장부가치비율)

주가 대 장부가치비율(price/book-value ratio : PBR)은 주식가격을 주당 순자산 장부가치(1주당자기자본)로 나눈 것이다. 주가 대 장부가치 비율을 시장가치 대 장부가치 비율이라고도 한다. 장부상으로 본 소유주지분과 증권시장에서 평가되는 가치를 비교한 것이다.

높은 수익률을 내는 기업은 장부가격보다 비싼 가격으로 주가가 형성되기 때문에, 이 비율에 의해 기업의 수익성을 평가할 수 있다. 먼저 장부상에서 주당 주주지분을 보기 위하여 대차대조표상의 자기자본(자본금과 유보이익의 합)을 발생주식수로 나눈다.

A주식회사의 주당 장부가치는 100,000원이고, 주식의 시장가치는 2008년 9월 5일 기준으로 27,000원이라면, 주가 대 장부가치의 비율은 0.27배가 되어, 시장가치가 장부가치에 크게 미달하고 있다.

주가 대 장부가치비율은 산업이나 기업에 따라 커다란 차이가 있다. 높은 성장이 기대되는 회사는 주식의 장부가치보다 훨씬 높게 시장가치가 형성되며, 성장이 크지 않은 기업들에 있어서는 이 비율이 아주 낮을 수도 있다. 그러나 일반적으로 PBR이 낮은 경우는 주식이 저평가되어 있다고 볼 수 있으므로 주가 상승 가능성이 있다.

2.6.4 주가이익증가율(price earning growth)

수익가치에다 미래 성장가치를 고려한 주가이익증가비율(PEG)을 주식 분석자료로 사용한다.

기업의 수익가치를 나타내는 PER을 주당순이익(EPS)의 증가율로 나눈 것으로 1보다 적으면 주가상승률이 주당순이익의 증가율보다 적다는 것으로 미래에 주가상승이 기대된다고 판단한다. PER가 작고 EPS 증가율이 크면 PEG이 작아지면 저평가 되었다고 한다.

주가이익증가비율(PEG) = PER/주당순이익(EPS)의 증가율

만약 A주식회사의 PER가 16이고, 주당순이익(EPS)의 증가율이 80%이라면 주가이익증가비율(PEG)은 0.2가 된다.

제 3 절 비율분석의 유용성과 문제점

비율분석은 재무제표상의 자료를 통해서 의미 있는 정보를 추출하여 기업의 재무상태와 경영성과를 분석할 수 있다는 점에서 유용하게 사용될 수 있다. 일반기업은 물론 금융기관, 보험회사, 증권회사 등에서도 많이 이용하고 있으며, 부실기업의 예측, 우량기업과

불량기업의 판별, 경영정책의 수립 등에 이용되고 있다.

기업에서 재무분석을 할 때에 비율분석을 많이 이용하는 이유는 다음과 같다.

첫째, 간단하며 이해가 쉬워 재무관리 전문지식이 필요 없으며, 이용하기가 간편하다

둘째, 의사결정을 위한 자료수집이 거의 필요 없다. 단순히 이미 작성된 재무제표를 단순히 사용한다.

셋째, 구체적이고 복잡한 기업분석을 하기 이전의 예비분석으로서의 가치가 있다. 재무분석의 기초단계에서 비율분석을 통해 재무상의 문제점을 쉽게 발견할 수 있다.

그러나 비율분석은 다음과 같은 한계점이 있다.

첫째, 재무분석의 근본목적은 기업의 미래가치에 관심을 갖는데, 비율분석은 과거의 회계정보에 의존하고 있다. 따라서 미래에 대한 예측에 활용하는 데는 그 자체 한계가 있다는 점이다.

시간에 따라 경제상황이 변하고, 경영기법들이 날로 발전하는 사회에서 과거자료를 기준으로 미래를 예측한다는 것은 많은 문제점이 존재한다. 의사결정에 중요한 것은 미래의 상태이지 과거의 상태가 아니라는 의미이다.

둘째, 비율분석은 재무제표를 중심으로 계산되어 평가되는데, 대차대조표는 일정시점의 재무상태를 나타내므로 계절적인 변화를 나타내지 못한다.

따라서 계절적인 상품을 취급하는 기업의 비율분석은 연중평균자료나 기초·기말의 평균치를 계산해 수치를 조정할 필요가 있다. 또한 물가변동의 변화도 고려해야 한다.

셋째, 회계처리방법이 상이한 기업들을 비교 평가하는 것은 문제점이 있다. 회계처리는 기업들 간에 다를 수 있다는 것이다.

회계처리방법이 어느 기업에나 동일한 것은 아니며 똑같은 현상에 대해 여러 가지 다른 회계처리 방법이 사용될 수 있다. 다른 회계처리방법으로 작성된 재무제표로 재무비율들을 비교하는 것은 문제점이 있다.

넷째, 합리적인 경영을 하는 같은 산업에 속하는 기업들 사이에도 그 경영방침이나 기업의 성격에 따라 재무비율에는 커다란 차이가 생긴다.

예를 들어 고급품을 취급하는 의류상은 신용거래가 많으며 저급품을 취급하는 곳은 현금거래가 많으므로, 두 기업간의 외상매출금의 회수기간을 비교하여 우열을 평가할 수 없다는 것이다.

다섯째, 비율분석의 비교기준이 되는 표준비율을 설정하는데 어려움이 있다.

표준비율로는 산업평균, 과거평균 등이 있지만 그 기업의 특성에 맞는 비교기준이라고 할 수는 없다. 즉 표준되는 비율이 진정한 의미의 기준이 될 수 있는가 하는 것이다.

이러한 비율분석의 단점을 보완하기 위해서 추세분석, 평점제도, ROI기법 등의 보다 종합적인 비율분석 방법이 쓰이고 있다.

[예제] 다음의 자료를 바탕으로 대차대조표를 작성하시오?

〈자료〉

부채비율=100%(부채/자본)

당좌비율=40%(당좌자산/유동부채), (현금+매출채권)/유동부채,

총자산회전율:1.5회(매출액/총자산)

매출채권평균회수기간=20일(매출채권/1일평균매출액)

매출채권회전율=매출액/매출채권

매출총이익률=25%(매출총이익/매출액)

재고자산회전율=5(매출액/재고자산)

대차대조표

현금		유동부채	8,000
매출채권		고정부채	
재고자산		자본금	10,000
고정자산		이익잉여금	10,000
자산총액		자본총액	

부채: 부채비율=부채/자기자본=부채/20,000=1

부채=20,000

자본총액=20,000 + 10,000 + 10,000 = 40,000

매출액:총자산회전율=매출액/총자산=1.5

매출액=40,000 × 1.5=60,000

매출원가=매출액 × (1 - 매출총이익률)=60,000 × 0.75=45,000

매출채권:매출채권평균회수기간=매출채권/1일평균매출액

1일 평균매출액=60,000/365=164

매출채권=164 × 20 = 3,280

당좌비율=(현금 + 매출채권)/유동부채

=(현금 + 3,280)/8,000 = 0.4 = -1,280

재고자산: 재고자산회전율=매출액/재고자산

=60,000/재고자산=5

=12,000

고정자산: 자산총계 - (현금 + 매출채권 + 재고자산)

=40,000 - (-1,280 + 3,280 + 12,000)

[예제] 다음 자료를 이용하여 비율분석을 하시오?

대차대조표

현금	20,000	유동부채	179,000
매출채권	120,000	고정부채	200,000
재고자산	430,000	자본	411,000
고정자산	220,000		
자산총액	790,000	자본총액	790,000

손익계산서

매출액	1,200,000
매출원가	900,000
매출총이익	300,000
판매비와 관리비	200,000
영업이익	100,000
이자	40,000
세전이익	60,000
법인세(40%)	24,000
당기순이익	36,000

유동비율	유동자산/유동부채	산업평균비율=300%
부채비율 (레버리지비율)	타인자본/자기자본	40%
이자보상비율	영업이익/이사비용	5배
재고자산회전율	매출액/재고자산	6회
매출채권평균회수기간	매출채권/1일 평균매출액	40일
매출액순이익률	순이익/매출액	3%
총자산이익률	순이익/총자산	8%
자기자본순이익률	순이익/자기자본	10%

3
chapter

종합적 재무분석

제 1 절 지수법

개별적인 재무비율 분석으로는 기업의 경영상태와 재무상태를 종합적으로 평가하는 데는 문제점이 있을 수 있다. 유동성은 높으면서 부채비율과 수익성이 낮다면 종합적인 판단으로 평가하는 것이 바람직하다. 개별적인 재무비율 중에서 몇 개를 선택하여 표준비율과의 관계비율을 산출하는데 바람직한 방향이 큰 값을 갖도록 계산한다. 월과 트랜트의 지수법이 있다. 여기서는 월 지수법을 소개한다.

	ABC기업	산업평균	관계비율	가중치	평점
유동비율	120%	100%	120/100=120%	25%	30%
부채비율	200%	300%	300/200=150%	25%	37.5%
고정비율	180%	220%	220/180=	15%	
매출채권회전율				10%	
재고자산회전율				10%	
고정자산회전율				10%	
자기자본회전율				5%	
합계					

제 2 절 ROI분석

투자수익률(return on investment)은 순이익을 투자액으로 나눈 것으로 투자된 총자본이 단위당 얼마의 수익을 벌어들였는가를 나타내는 지표이다. 총자본이란 타인자본과 자기자본의 합계를 말하며 총자본은 자산총액과 같기 때문에 총자산이익률이라 한다.

ROI분석은 기업의 손익계산서와 대차대조표를 하나로 집약해 기업전체를 통제하는 기준으로 사용될 수 있다. ROI분석은 수익성과 회전율로 분해한 다음 경영성과를 통제하는 것을 목적으로 한다.

$$ROI = 순이익/총자산 = \frac{순이익}{매출액} \times \frac{매출액}{총자산}$$

$$= 매출액순이익률 \times 총자산회전율$$

$$= 매출마진 \times 총자산회전속도$$

ROI분석은 경영성과를 결정하는 요인이 어디에 있는가를 나타낸다. 예를 들어 두 기업의 ROI가 같다고 하더라도 매출액 순이익률에서 발생할 수도 있고, 총자산회전율에서 발생할 수도 있다.

만약 매출액 순이익률이 낮은 경우 총비용의 과다, 매출단가의 과소, 재료비의 과다에서 찾고, 매출단가의 변화가 없다면 비용의 측면을 살펴보고 그 중에서도 노무비 재료비 등 원인 분석을 해야 한다.

총자산 회전율이 낮은 경우 자산이 비효율적으로 사용되고 있으므로 유휴자산의 처분 등이 바람직하다.

ROI분석의 유용성은 수익성분석과 활동성을 동시에 분석할 수 있으며 종업원에게 목표달성을 위한 자신의 역할을 제시할 수 있다.

[예제] 만약 A주식회사의 매출액은 900억, 총비용은 800억, 유동자산 200억, 고정자산 300억이다(산업평균 매출액순이익률=2.5%, 총자산회전율=1.8). ROI 도표를 작성하라.

매출액순이익률=순이익/매출액=(900-800)/900=11.1%

총자산회전율=매출액/총자산=900/(200+300)=1.8

ROI =11.1%×1.8=19.9%

제 3 절 ROE 분석

ROE는 주주에게 귀속되는 순이익을 측정하는 비율로 주주들이 투자한 자본 1원이 벌어들인 가치의 증식분이다. ROE는 기업의 경영성과를 측정하는 척도일 뿐만 아니라 주주에 의한 경영자의 능력을 평가하는 자료이다.

$$ROE = 순이익/자기자본 = \frac{순이익}{매출액} \times \frac{매출액}{총자본} \times \frac{총자본}{자기자본}$$

$$= 매출액순이익률 \times 총자본회전율 \times (1 + 부채비율)$$

$$= ROI \times \frac{1}{자기자본비율} \quad : 자기자본비율 = \frac{자기자본}{총자본}$$

ROE는 세 가지 재무비율로 나눌 수 있는데 ROE를 높이기 위해서는 순이익을 높여야 하고, 자산을 활발하게 사용해야 하며, 자기자본비율을 낮추든지, 타인자본의 레버리지효과를 높여야 한다. 매출액 순이익률은 손익계산서에서 측정되고, 재무레버리지는 대차대조표 대변으로부터 측정된다. 총자본회전율은 손익계산서와 대차대조표의 차변을 동시에 고려한다.

ROE 분석에서는 부채를 많이 사용하면 ROI보다 ROE 값이 커진다. ROI보다 ROE가 변동성이 크다. 경기가 호황일 때는 부채를 사용하면 주주의 입장에서는 유리한 측면이 있다.

[예제] 만약 A주식회사의 매출액은 900억, 총비용(세금포함)은 800억, 유동자산 200억, 고정자산 300억이다. 또한 부채는 400억이다. ROE 도표를 작성하라(산업평균 자기자본비율=35%).

A주식회사의 자기자본비율 20%(100/500), 부채비율 400%(400/100)이므로

$$ROE = 20\%/0.2 = 100\% \quad (\because ROI = \frac{100}{500} = 20\%)$$

제 4 절 EVA모형

기업이 영업활동에서 창출한 순가치의 증가분으로 세후영업이익에서 투하자본의 자본비용을 공제한 잔여이익이다.

EVA모형이란 기업가치 모형의 일종으로 경제적

부가 모형(economic value added)이라 한다.

기업의 영업 성과인 손익계산서의 당기순이익은 타인 자본의 이자비용만을 고려한 것이므로 투입된 자기자본비용을 고려하고 있지 않다.

EVA모형 = 세후영업이익 - (가중평균자본비용 × 투하자본)
= 투하자본 × (투하자본수익률 - 가중평균자본비용)

여기서 투하자본이라는 것은 순수하게 영업활동에 투자된 자본을 말하며, 투하자본수익률이란 영업이익을 법인세를 차감한 금액인 세후영업이익을 투자자본으로 나눈 것이다.

다음과 같은 재무제표 기업의 EVA를 계산하면 다음과 같다.

대차대조표

영업자산	320	부 채	70
비영업자산	50	자기자본	300
총 자 산	370	총 자 본	370

〈재무자료〉

매출액: 570

영업이익 :103

가중평균자본비용:11%

법인세:40

투하자본수익률(ROIC:return on invested capital)

$$= \frac{세후영업이익}{투하자본}$$

$$= \frac{103-40}{320}$$

$$= 0.197$$

EVA=투하자본 × (투하자본수익률-가중평균자본비용)

320 × (0.197 - 0.11)

=27.84

$$투하자본수익률 = \frac{세후영업이익}{투하자본}$$

$$= \frac{영업이익 - 법인세}{투하자본}$$

$$= \frac{영업이익(1-법인세율)}{투하자본}$$

$$= \frac{103-40}{320}$$

$$= 0.197$$

[예제] A주식회사의 총자본(타인자본 60억, 자기자본 40억), 투하자본수익률=15%, 타인자본비용=11%, 자기자본비용=13%, EVA=?

$$가중자본비용(WACC) = 11 \times \frac{60}{100} + 13 \times \frac{40}{100} = 11.8\%$$

EVA＝투자자본×(투하자본수익률-자본비용)

＝100×(15%-11.8%)＝3.2억

[예제] A주식회사의 총자본(타인자본 50억, 자기자본 50억), 타인자본비용＝10%, 자기자본비용＝20%,

영업이익＝19억, 법인세율＝30%, EVA＝?

세후영업이익＝영업이익×(1-법인세율)

＝19억×(1-0.3)＝13.3억

가중자본비용(WACC) $=10(1-0.3)\times\frac{50}{100}+20\times\frac{50}{100}=13.5\%$

EVA＝세후영업이익-투자자본×자본비용

＝13.3 - 100×13.5%＝ - 0.2억

[예제]

	A주식회사	B주식회사
투자자본	30,000	30,000
세전영업이익	8,000	10,000
법인세율	25%	25%
가중평균자본비용	15%	30%

	A주식회사	B주식회사
세후영업이익	6,000	7,500
투자자본×가중자본비용	4,500	9,000
EVA	1,500	-1,500

두 회사 재무제표가 위와 같을 때 영업이익은 B주식회사가 좋지만 EVA를 계산하면 A주식회사가 높은 성과를 보이고 있다.

두 기업의 기업가치는 다음과 같다.

$$\text{A주식회사} = \text{투자자본} + \frac{EVA}{\text{가중자본비용}}$$

$$= 30,000 + 1,500/0.15 = 40,000$$

$$\text{B주식회사} = 30,000 + (-1,500)/0.3 = 25,000$$

제 5 절 현금흐름표

현금흐름표(statement of cash flow)란 일정기간동안 기업의 현금흐름을 나타내는 것으로 현금의 유입과 유출에 관한 정보를 제공한다.

그리하여 일정기한동안 현금의 조달과 사용에 관한 정보를 제공하기 위하여 작성되는 재무보고서가 현금흐름표이다. 현금흐름표는 경영활동별 현금흐름을 반영·보고함으로써 미래현금흐름에 대한 예측능력을 향상시킨다.

현금흐름을 영업활동으로 인한 현금흐름, 투자활동으로 인한 현금흐름, 재무활동으로 인한 현금흐름으로 나눈다. 영업활동이란 제품의 생산 판매활동을 말하며, 투자활동이란 유형자산의 취득과 처분활동을 말하며, 재무활동이란 부채와 자본에 영형을 미치는 활동을 말한다.

현금흐름표는 영업활동으로 인한 현금흐름의 표시방법에 따라 직접법과 간접으로 나눈다. 직접법은 영업활동에서 현금으로 발생한 수익과 비용을 총액으로 표시하는 방법을 말하고, 간접법은 당기순이익에 현금의 유출이 없는 비용을 가산하고 현금의 유입이 없는 수익을 차감하여 영업활동과 관련한 자산과. 부채의 증감액을 가감하여 표시하는 방법이다.

〈표 3-1〉 활동별 분류

자산	활동	부채와 자본	활동
단기금융상품	투자	매입채무	영업
유가증권	투자	차입금	재무
매출채권	영업	미지급금	재무
대여금	투자	선수금	영업
미수금	투자	선수수익	영업
미수수익	영업	법인세	영업
재고자산	영업	사채	재무
선급금	영업		

현금흐름표는 손익계산서와 대차대조표를 이용하여 작성할 수 있는데 기본원리는 대차대조표의 등식에서 출발한다.

유동자산+고정자산=유동부채+고정부채+자본

〈표 3-2〉 대차대조표

차변	대변
유동자산 현금과 예금 기타 유동자산 외상매출금 재고자산 고정자산	유동부채 단기차입금 기타유동부채 외상매입금 미지급금 고정부채 장기차입금 사채 자본 자본금 유보이익
총자산	부채와 자본합계

손익계산서

〈표 3-3〉은 A주식회사의 201×년 1월 1일부터 201×년 12월 31일까지 1년 동안의 경영성과를 나타낸 손익계산서이다.

〈표 3-3〉 A주식회사 손익계산서

매출액	500
매출원가	400
매출총이익	100
판매비와 일반관리비	50
영업이익	50
영업외수익	12
영업외비용	15
경상이익	47
특별이익	7
특별손실	14
법인세차감전순이익	25
법인세(12%)	3
당기순이익	22

영업활동으로 인한 현금흐름은 손익계산서에서 작성되는데

당기순이익=영업활동으로 인해 발생하는 수익과 비용(매출액-매출원가+영업외수익-판매비와관리비-영업외비용-법인세)+수익으로 처리하나 현금유입이 없는 항목(재고자산 평가이익. 투자자산 평가이익)-비용으로 처리하나 현금유출이 없는 비용(감가상각비)

〈표 3-4〉 직접법에 의한 영업활동 현금흐름

영업활동에 의한 현금흐름(직접법)
영업활동으로 인해 발생하는 수익과 비용(A) 영업활동으로 인한 자산 부채변동에 의한 현금유입유출(B) 직접법=A+B

영업활동으로 인해 발생하는 수익과 비용(매출액-매출원가+영업외수익-판매비와관리비-영업외비용-법인세)

영업활동으로 인한 자산 부채변동에 의한 현금유입유출(매출채권증가(-),재고자산증가(-),매입채무증가(+)으로 계산된다.

〈표 3-5〉 간접법에 의한 영업활동에 의한 현금흐름

영업활동에 의한 현금흐름(간접법)
당기순이익 현금유입이 없는 수익(C) 현금유출이 없는 비용(D) 영업활동으로 인한 자산. 부채의 변동(B) 당기순이익-C+D+B

=당기순이익-수익으로 처리하나 현금유입이 없는 항목(재고자산 평가이익. 투자자산 평가이익)+비용으로 처리하나 현금유출이 없는 비용(감가상각비)+영업활동으로 인한 자산부채의 변동에 의한 현금유입유출(매출채권증가(-),재고자산증가(-),매입채무증가(+)

당기순이익=A+C-D

당기순이익+B=A+C-D+B

A+B=당기순이익-C+D+B

대차대조표와 손익계산서가 다음과 같을 때 현금흐름표를 작성하라

〈표 3-6〉 대차대조표

	전년도말	금년도말	증감
현금	80	50	-30
매출채권	40	50	+10
재고자산	50	40	-10
투자자산	60	30	-30
건물기계	160	290	+130
(감가상각)	40	75	+35
총자산	350	395	
매입채무	80	60	-20
단기차입금	20	35	+15
장기차입금	30	30	0
자본금	40	50	+10
자본잉여금	110	130	+20
이익잉여금	70	90	+20
총자본	350	395	

〈표 3-7〉 손익계산서

계정과목	
매출액	600
-매출원가	400
매출총이익	200
-판매비와 관리비	150
영업이익	50
+영업외 수익	40
-영업외 비용	40
법인세납부 전 이익	50
-법인세	20
당기순이익	30

〈표 3-8〉 현금흐름표(직접법)

구 분	금 액
1. 영업활동으로 인한 현금흐름	+45
(1) 매출등 수익활동 유입액	+590
(2) 매입 및 영업비용 유출액	-525
(3) 법인세	-20
2. 투자활동으로 인한 현금흐름	-100
(1) 투자자산의 감소	+30
(2) 유형자산의 취득	-130
3. 재무활동으로 인한 현금흐름	+45
(1) 현금유입액	
가. 단기차입금 증가	+15
나. 장기차입금 증가	0
다. 자본금증가	+10
라. 자본잉여금 증가	+20
(2) 현금유출액	0
4. 현금의 증가	-10
5. 기초현금	70
6.기말현금	40

현금흐름표(직접법)

*매출등 수익활동 유입액=매출액-매출채권증가분=600-10=590

*매입 및 영업비용 유출액=매출원가-감가상각비+재고자산 증가분-매입채무 증가분+영업외수익-영업외 비용-판매비와 관리비

=400-35-10+20+150=525

〈표 3-9〉 현금흐름표(간접법)

구 분	
1. 영업활동으로 인한 현금흐름	45
(1) 당기순이익	30
(2) 현금지출이 없는 비용(감가상각)	35
(3) 현금수입이 없는 수익(토지처분이익)	0
(4) 영업활동으로 인한 자산부채의 변동	
가. 매출채권의 증가	-10
나. 재고자산의 감소	10
다. 매입채무의 감소	-20
2. 투자활동으로 인한 현금흐름	-100
가. 투자자산의 감소	30
나. 유형자산의 증가	-130
3. 재무활동으로 인한 현금흐름	35
가. 재무활동으로 인한 현금유입	
(1) 단기차입금증가	15
(2) 자본금증가	10
(3) 자본잉여금증가	20
나. 재무활동으로 인한 현금유출	
(1) 배당금지급	-10
4. 현금증가	-10
5. 기초현금	70
6. 기말현금	60

손익계산서는 일정기간 동안의 경영성과를 나타내는 표인데 얼마나 손익을 보았는지를 계산한다.

대차대조표와 손익계산서가 다음과 같을 때 현금흐름표를 작성하라

〈표 3-10〉 대차대조표

	전년도 말	금년도 말	증감
현금	84	44	-40
유가증권	50	50	
매출채권	24	50	26
단기대여금	34	56	22
재고자산	20	14	-6
미수이자	4	8	4
투자자산	250	734	484
고정자산(감가상각)	80	96	-16
총자산	386	860	474
매입채무	20	48	28
단기차입금	32	10	-22
미지급급여	10	6	-4
미지급이자	6	20	14
미지급법인세	10	30	20
사채	100	288	188
자본금	148	350	202
이익잉여금	60	108	48
부채와 자본총계	386	860	474

〈표 3-11〉 손익계산서

	금 액	
수익		626
매출액	568	
이자수익	24	
수입배당금	18	
유형자산처분이익	16	
비용		508
매출원가	300	
급여	112	
이자비용	46	
법인세	50	
당기순이익		118

〈추가자료 〉

(1) 투자자산은 현금 612원로 취득

(2) 투자자산처분은 현금 124원(처분이익:16원 포함)

(3) 현금배당:34원

〈표 3-12〉 현금흐름표(직접법)

과목	증감
1. 영업활동으로 인한 현금흐름	152
(1) 매출유입액	542
(2) 매입에 대한 유출액	-266
(3) 종업원에 대한 유출액	-116
(4) 이자수입에 대한 유입액	20
(5) 배당수입 유입액	18
(6) 이자비용 유출액	-32
(7) 법인세비용 유출액	-30
(8) 감가상각비	-16
2. 투자활동으로 인한 현금흐름	-510
(1) 유형자산처분 현금유입	124
(2) 투자활동으로 인한 현금유출	-634
가. 현금 단기대여	-22
나. 설비자산 취득	-612
3. 재무활동의 현금흐름	334
(1) 재무활동 현금유입	400
가. 사채 발행	188
나. 보통주발행	202
다. 단기차입금 차입	10
(2) 재무활동 현금유출	-66
가. 단기차입금 상환	-32
나. 배당금 지급	-34
4. 현금 감소	-24
5. 기초 현금	84
6. 기말 현금	60

〈표 3-13〉 현금흐름표(간접법)

과 목	금 액
1. 영업활동에 의한 현금흐름	152
(1) 당기순이익	118
(2) 현금유출이 없는 비용가산	84
가. 감가상각	16
나. 재고자산 감소	6
다. 매입채무 증가	28
라. 미지급이자 증가	14
마. 미지급법인세 증가	20
(3) 현금유입이 없는 수익차감	-50
가. 유형자산 처분이익	-16
나. 외상매출금 증가	-26
다. 미수이자 증가	-4
라. 미지급급여 감소	-4
2. 투자활동에 의한 현금흐름	-510
3. 재무활동에 의한 현금흐름	334
4. 현금감소	-20
5. 기초현금	84
6. 기말현금	24

제 6 절 재무예측

재무예측이란 기업이 장기적인 관점에서 재무제표를 구성하는 항목의 수치를 예측하여 미래의 매출액 자금소요액 등을 추정하는 것이다. 특히 추정재무제표를 이용하면 미래에 조달해야 하는 소요자금을 예측할 수 있다. 구체적으로 미래의 기업 매출액이 얼마이며 필요한 자금 소요액이 얼마인가를 알려준다

일반적으로 매출액에 영향을 주는 변수로는 국민 총생산, 판매가

격, 경쟁상태, 광고비 전년도 매출액 등이 사용된다.

그러나 기업경영에 필요한 소요자금을 예측하는 것은 가장 중요하다고 할 수 있다.

소요자금 = 자산증가분 - 유동부채증가분

외부조달 = 소요자금 - 내부조달

6. 1 매출액 비율법

매출액 따라 비례적으로 변동하는 항목을 예측하는데 사용된다.

매출액이 10억 일 때 대챠대조표에서 매출액에 대한 배분율이 다음과 같을 때

자산		부채, 자본	
현금	10%	외상매입금	20%
외상매출금	15%	미지급금	10%
재고자산	20%		
합계	45%	합계	30%

매출액이 100만원이 증가하면 소요자금은 15만원이 증가한다는 것이다.

또한 비용을 고정비와 변동비로 나눌 수도 있다.

매출액과 총비용

	전년도	금년도	증가분
매출액	100	120	20
총비용	80	90	10

매출액이 20 증가할 때 비용은 10이 증가했으므로 변동비율은

50%이다. 전년도 변동비는 100×1/2=50이고 고정비는 30이다. 금년도 총비용 90은 변동비 60이고 고정비 30이다.

	전년도	금년도
총비용	80	90
고정비	30	30
변동비	50	60

6. 2 회귀분석법

매출액의 변화에 따른 소요자금을 예측하는 방법이다.
종속변수 Y를 소요자금으로, 독립변수 X를 추정 매출액으로 하여

$$Y = \alpha + \beta X$$

절편값과 기울기를 구하는 회귀모형을 추정한다.

〈표 3-14〉 최소제곱법을 위한 계산과정

X	Y	XY	X^2	Y^2
1	1	1	1	1
2	1	2	4	1
3	2	6	9	4
4	2	8	16	4
5	4	20	25	16
15	10	37	55	16

$$\overline{X} = \frac{\Sigma X_i}{n} = \frac{15}{5} = 3$$

$$\overline{Y} = \frac{\Sigma Y_i}{n} = \frac{10}{5} = 2$$

$$S_{(xx)} = \Sigma(X_i - \overline{X})^2 = \Sigma X^2 - \frac{(\Sigma X_i)^2}{n}$$

$$= 55 - \frac{(15)^2}{5} = 10$$

$$S_{(xy)} = \Sigma(X_i - \overline{X})(Y_i - \overline{Y}) = \Sigma X_i Y_i - \frac{(\Sigma X_i)(\Sigma Y_i)}{n}$$

$$= 37 - \frac{(15)(10)}{5} = 7$$

따라서 α와 β의 최소제곱추정치는,

$$\hat{\beta} = \frac{S_{(xy)}}{S_{(xx)}} = \frac{7}{10} = 0.7$$

$$\hat{\alpha} = \overline{Y} - \hat{\beta}\overline{X} = 2 - (0.7)(3) = -0.1$$

이 되고, 회귀직선의 식은 다음과 같이 된다.

$$\hat{Y} = -0.1 + 0.7X$$

또한 매출액과 총비용을 회귀분석하여 고정비와 변동비로 나눌 수 있다.

총비용 = 고정비 + 변동비율 × 매출액

제 7 절 경제적 주문량

경제적 주문량(economic order quantity: EOQ)은 재고관리에 필요한 총비용이 최소가 되는 점이다. 재고량과 관계가 있는 재고유지비용과 주문비용을 고려하여 경제적 주문량을 설명한다.

$$\text{재고유지비용}(A) = \frac{Q}{2} \times C$$

$$\text{주문비용}(B) = \frac{S}{Q} \times O$$

Q: 1회 주문량
C: 재고 1단위당 일정기간 동안의 유지비
: 단위가격×평균재고액의 % 보유비용으로 계산할 수도 있음
S: 일정기한 동안의 총 주문량
O: 1회 주문비용

$$T = \text{재고 유지비용}(A) + \text{주문비용}(B) = \frac{Q}{2} \times C + \frac{S}{Q} \times O$$

Q에 대해서 미분하면

$$\frac{dT}{dQ} = \frac{C}{2} + \frac{-S \times O}{Q^2} = 0$$

$$\frac{C}{2} = \frac{S \times O}{Q^2}$$

$$Q^2 = \frac{2 \times S \times O}{C}$$

$$Q = \sqrt{\frac{2 \cdot S \cdot O}{C}}$$

[예제] 1년 동안 총 수요량이 2,000개, 1회 주문비용이 1,000원, 재고유지 비용이 단위당 100원이다. 경제적 주문량을 계산하라?

$$Q = \sqrt{\frac{2 \times 2,000 \times 1,000}{100}} = 200$$

[예제] 1년 동안 총 수요량이 10,000개, 1회 주문비용이 25원, 재고유지 비용은 평균재고량의 12.5%이다. 단위가격은 1원이다. 경제적 주문량을 계산하라?

$$Q = \sqrt{\frac{2 \times 10,000 \times 25}{1(0.125)}} = 2,000$$

〈부록〉

단순회귀모형에서 미지의 모수 α와 β를 추정할 때, 오차의 제곱합(sum of squares)을 최소로 하도록 추정하는 방법을 최소제곱법(method of least squares)이라 한다. 즉, 오차 ϵ_i의 제곱의 합을 최소로 하는 α와 β를 구하는 방법이다.

$$SS = \sum_{i=1}^{n} {\epsilon_i}^2$$

$$= \sum_{i=1}^{n}(Y_i - \alpha - \beta X_i)^2$$

오차 제곱합을 최소로 하는 α와 β를 구하기 위하여 SS를 α와 β에 대하여 각각 편미분하여 다음의 결과를 얻는다.

$$\frac{\partial SS}{\partial \alpha} = \Sigma \frac{\partial}{\partial \alpha}(Y_i - \alpha - \beta X_i)^2$$

$$= -2\Sigma(Y_i - \alpha - \beta X_i) = 0$$

$$\Sigma(Y_i - \alpha - \beta X_i) = \Sigma Y_i - n\alpha - \beta \Sigma X_i = 0$$

$$\frac{\partial SS}{\partial \beta} = \Sigma \frac{\partial}{\partial \beta}(Y_i - \alpha - \beta X_i)^2$$

$$= -2\Sigma X_i(Y_i - \alpha - \beta X_i) = 0$$

$$-2\Sigma X_i(Y_i - \alpha - \beta X_i) = \Sigma X_i Y_i - \alpha \Sigma X_i - \beta \Sigma X_i^2 = 0$$

[참조] $(Y_i - \alpha - \beta X_i) = u$라 하고 합성합수 미분을 하면 편리하다.

$$\frac{\partial SS}{\partial \beta} = \frac{\partial u^2}{\partial u} \times \frac{\partial u}{\partial \beta}$$

위의 편미분 값을 0으로 만드는 α와 β의 추정치를 $\hat{\alpha}$, $\hat{\beta}$로 놓고 위의 식을 정리하면, 다음과 같은 식을 얻게 되는데, 이 식을 정규방정식(normal equations)이라고 부른다.

$$n\hat{\alpha} + \hat{\beta}\Sigma X_i = \Sigma Y_i$$

$$\hat{\alpha}\Sigma X_i + \hat{\beta}\Sigma X_i^2 = \Sigma X_i Y_i$$

이 식에서 얻어진 $\hat{\alpha}$, $\hat{\beta}$를 최소제곱추정치(least squares estimator)라 부르며 다음과 같다.

$$\hat{\beta} = \frac{S_{(xy)}}{S_{(xx)}}$$

$$\hat{\alpha} = \overline{Y} - \hat{\beta}\overline{X}$$

단, $S_{(xx)} = \Sigma(X_i - \overline{X})^2 = \Sigma X_i^2 - \frac{(\Sigma X_i)^2}{n}$

$$S_{(xy)} = \Sigma(X_i - \overline{X})(Y_i - \overline{Y}) = \Sigma X_i Y_i - \frac{(\Sigma X_i)(\Sigma Y_i)}{n}$$

$$S_{(yy)} = \Sigma(Y_i - \overline{Y})^2 = \Sigma Y_i^2 - \frac{(\Sigma Y_i)^2}{n}$$

X와 Y의 자료가 다음과 같다. X와 Y간의 관계를 최소제곱법에 의하여 나타내는 과정은 다음과 같다.

〈표 3-15〉 최소제곱법을 위한 계산과정

X	Y	XY	X^2	Y^2
74	2.6	192.4	5476	6.76
69	2.2	151.8	4761	4.84
85	3.4	289.0	7225	11.56
63	2.3	144.9	3969	5.29
82	3.1	254.2	6724	9.61
60	2.1	126.0	3600	4.41
79	3.2	252.8	6241	10.24
91	3.8	345.8	8281	14.44
603	22.7	1756.9	46277	67.15

$$\overline{X} = \frac{\sum X_i}{n} = \frac{603}{8} = 75.38$$

$$\overline{Y} = \frac{\sum Y_i}{n} = \frac{22.7}{8} = 2.84$$

$$S_{(xx)} = \sum(X_i - \overline{X})^2 = \sum X_i^2 - \frac{(\sum X_i)^2}{n}$$

$$= 46,277 - \frac{(603)^2}{8} = 825.88$$

$$S_{(xy)} = \sum(X_i - \overline{X})(Y_i - \overline{Y}) = \sum X_i Y_i - \frac{(\sum X_i)\cdot(\sum Y_i)}{n}$$

$$= 1756.9 - \frac{(603)(22.7)}{8} = 45.89$$

따라서 α와 β의 최소제곱추정치는,

$$\hat{\beta} = \frac{S_{(xy)}}{S_{(xx)}} = \frac{45.89}{825.88} = 0.056$$

$$\hat{\alpha} = \overline{Y} - \hat{\beta}\overline{X} = 2.84-(0.056)(75.38) = -1.38$$

이 되고, 회귀선의 식은 다음과 같이 된다.

$$\hat{Y} = -1.38+0.056X$$

공분산을 사용하여 회귀계수를 계산하는 방법

$$R_i - a \mid bR_m$$

$$COV(R_i, R_m) = COV[(a + bR_m), R_m]$$

$$= b\,Var(R_m)$$

$$b = COV(R_i, R_m)/Var(R_m)$$

주식A((R_i)	종합주가지수((R_m)
13	12
7	10
-5	-12
1	1
11	15

$E(R_i)=(13+7-5+1+11)/5=5.4$

$E(R_m)=(12+10-12+1+15)/5=5.2$

$\mathrm{Var}(R_m)=$ [$((12-5.2)^2+(10-5.2)^2+(-12-5.2)^2+(1-5.2)^2$

$+(15-5.2)^2)/5$

$=95.8$

주식A와 시장 포트폴리오의 공분산

$\mathrm{COV}(R_i, R_m)=((13-5.4)(12-5.2)+(7-5.4)(10-5.2)+(-5-5.4)(12-5.2)+$

$(1-5.4)(1-5.2)+(11-5.4)(15-5.2)$

$=62.3$

$b=\mathrm{COV}(R_i, R_m)/\mathrm{Var}(R_m)$

$=62.3/95.8=0.65$

[예제] 다음과 같은 X와 Y 자료를 얻었다.

실험번호	(X)	(Y)
1	9.5	38
2	8.0	32
3	6.0	24
4	7.3	29
5	9.0	36
6	9.1	42
7	7.5	30

최소제곱법에 의하여 회귀직선의 식을 구하라.

[풀이]

X	Y	XY	X^2	Y^2
9.5	38	361	90.25	1,444
8.0	32	256	64	1,024
6.0	24	144	36	576
7.3	29	211.7	53.29	841
9.0	36	324	81	1,296
9.1	42	382.2	82.81	1,764
7.5	30	225	56.25	900
56.4	231	1,903.9	463.6	7,845

$$\overline{X} = \frac{\Sigma X_i}{n} = \frac{56.4}{7} = 8.06$$

$$\overline{Y} = \frac{\Sigma Y_i}{n} = \frac{231}{7} = 33$$

$$S_{(xx)} = \Sigma(X_i - \overline{X})^2 = \Sigma X_i^2 - \frac{(\Sigma X_i)^2}{n}$$

$$= 463.6 - \frac{(56.4)^2}{7} = 9.18$$

$$S_{(xy)} = \Sigma(X_i - \overline{X})(Y_i - \overline{Y}) = \Sigma X_i Y_i - \frac{(\Sigma X_i)(\Sigma Y_i)}{n}$$

$$= 1,903.9 - \frac{(56.4)(231)}{7} = 42.7$$

따라서 α와 β의 최소제곱추정치는,

$$\hat{\beta} = \frac{S_{(xy)}}{S_{(xx)}} = \frac{42.7}{9.18} = 4.65$$

$$\hat{\alpha} = \overline{Y} - \hat{\beta}\overline{X} = 33-(4.65)(8.06) = -4.48$$

이 되고, 회귀직선은 다음과 같이 된다.

$$\hat{Y} = -4.48+4.65X$$

4
chapter

화폐의 시간가치

제 1 절 화폐의 시간가치

화폐는 동일한 금액이라도 시점에 따라 가치가 다른데 이것을 화폐의 시간적 가치라 한다. 현재시점의 100만원과 1년 후 100만원을 비교하면 가치가 다르다. 모든 사람들은 현재의 100만원을 선택할 것이다.

또한 현재 100만원을 투자하여 1년 후에 120만원 받을 수 있는 투자안 A와, 현재 100만원을 투자하여 2년 후에 120만원 받을 수 있는 투자안 B를 비교하면 투자안 A가 투자안 B보다 좋은 투자이다. 그 이유는 사람들은 시차선호(time preference)라는 경제적 성향을 가지고 있기 때문이다.

여기서 시차선호(time preference)란 사람들이 보다 먼 미래의 소비보다 가까운 미래나 현재의 소비를 더욱 선호하는 경향을 말하며, 현재 소비를 억제하고 그것을 보다 먼 미래로 연기하는 대가

(시간의 가격)는 금융시장에서 이자율이란 가격으로 보상한다.

이와 같은 시차선호를 가지고 있기 때문에 시차에 대한 대가를 요구하며 보다 먼 미래의 금액일수록 보다 낮은 가치를 갖고 현재 또는 보다 가까운 미래의 금액은 보다 큰 가치를 갖는 것으로 평가하는 현상을 화폐의 시간가치(time preference)라고 부른다.

기업이 자금조달과 투자를 하면 현재와 미래에 현금흐름이 발생되는데 서로 다른 시점에서 발생하는 현금흐름은 서로 다른 가치를 가진다는 것이 화폐의 시간적인 가치이다.

1.1 미래가치

미래가치(future value)란 현재의 일정금액을 미래의 일정시점에서 계산된 가치를 말하며, 미래가치를 구하는 데에는 이자율이 사용된다.

이자를 계산하는 방법에는 단리법과 복리법이 있는데, 단리법은 원금에 대한 이자만 계산하는 방법을 의미하며, 복리법은 원금에 대한 이자는 물론 이자에 대한 이자까지 고려하는 이자계산 방법이다. 즉 이자가 발생하면 그것이 재투자되어 이자에 대한 이자가 발생한다고 가정하는 것이다.

미래가치의 계산

복리이자요소는 이자율과 기간에 따라 다르다. 이자율과 기간에 따라 복리이자요소를 계산해 놓은 결과를 복리표라고 한다.

현재의 원금: P_0

기간당(1년) 이자율: i

n기간후 미래가치: P_n

$$P_1 = P_0 + P_0 \times i$$
$$= P_0(1+i)$$
$$P_n = P_0(1+i)^n$$

n기간 동안 적용될 연간 이자율이 i일 때 현재의 1원은 n기간 이후에는 $(1+i)^n$원이 된다. 이 $(1+i)^n$을 복리가치요소 또는 미래가치요소(future value factor : FVF)라 한다.

1.1.1 복리표 보는 법

미래가치요소를 매번 계산하는 번거로움을 피하기 위해 미리 계산된 표를 이용하는 경우가 많다. 미래가치는 이자율과 기간에 따라 변화하는데, 이자율이 0%인 경우에는 아무리 기간이 변하더라도 그 1원의 미래가치는 변함없이 항상 1원이 된다.

그러나 기간이 동일한 경우 이자율이 높을수록, 이자율이 동일한 경우 기간이 길수록 미래가치는 증가한다. 따라서 미래가치는 이자율이 높을수록 증가하고 기간이 길수록 증가한다고 할 수 있다.

〈표 4-1〉 기간과 이자율변화에 따른 미래가치요소

기간	0%	5%	10%	15%
1	1.000	1.050	1.100	1.150
2	1.000	1.102	1.210	1.322
3	1.000	1.157	1.331	1.520
4	1.000	1.215	1.464	1.749
5	1.000	1.276	1.610	2.011
6	1.000	1.340	1.771	2.313
7	1.000	1.407	1.948	2.660
8	1.000	1.477	2.143	3.059
9	1.000	1.551	2.357	3.517
10	1.000	1.628	2.593	4.045

예) 원금 100만원을 연리 10%에 8년 동안 예금하면 8년 후에 얼마가 되는가?

미래가치 요소표에서 10%, 8년 값이 2.143이므로

1,000,000 × 2.143 = 2,143,000원

1. 2 현재가치(present value)

미래가치는 현재의 돈을 일정기간 후에 평가한 것인데, 현재가치란 미래에 발생할 일정금액을 현재시점에서 평가한 가치이다. 현재가치를 현가라고도 한다.

미래의 1원보다 현재의 1원이 더 큰 가치를 가지므로 현재가치는 항상 미래가치보다 작다. 미래가치를 현재가치로 바꿀 때 할인(discount)을 해야 하며, 할인할 때 사용하는 이자율을 할인율(discount rate)이라고 한다.

예를 들어 현재 100만원을 연간 이자율 10%로 1년간 예금하면 110만원이 되는데 이때 1년 후에 110만원은 현재가치가 100만원이 된다는 것이다.

현재가치의 계산

현가이자요소는 할인율과 할인기간에 따라 다르다. 할인율과 할인기간에 따라 현가이자요소를 계산해 놓은 결과를 현가표라고 한다. 이자율이 i일 때 $1/(1+i)^n$은 n기간후의 1원이 현재 얼마의 가치가 있는가를 계산한 것이다.

$$P_n = P_0(1+i)^n$$

$$P_0 = P_n/(1+i)^n$$

$1/(1+i)^n$를 현가 요소라 한다(present value factor : PVF). 미래가치 요소와 현가요소 사이에는 역수의 관계이다.

$$PVF = \frac{1}{FVF}$$

1.2.1 현가표 보는 법

현재가치는 할인율과 기간에 따라 변화하는데, 할인율이 0%인 경우에는 아무리 그 기간이 변하더라도 그 1원의 현재가치는 변함없이 항상 1원이 된다.

하지만 기간이 동일한 경우 할인율이 높을수록 현재가치는 감소하며, 할인율이 동일한 경우에는 기간이 길수록 현재가치는 감소한다.

따라서 현재가치는 할인율이 높을수록 감소하고 기간이 길수록 감소한다고 할 수 있다. 즉, 기간이 늘어나거나 할인율이 커짐에 따라 미래 어느 시점에서 받게 될 일정금액의 현재가치는 감소한다.

〈표 4-2〉 기간과 이자율변화에 따른 현재가치요소

기간	0%	5%	10%	15%
1	1.000	0.942	0.909	0.869
2	1.000	0.970	0.826	0.756
3	1.000	0.863	0.751	0.657
4	1.000	0.822	0.683	0.571
5	1.000	0.783	0.620	0.497
6	1.000	0.746	0.564	0.432
7	1.000	0.710	0.513	0.375
8	1.000	0.676	0.466	0.326
9	1.000	0.644	0.424	0.284
10	1.000	0.613	0.385	0.247

예) 8년 후에 100만원을 현재가치로 환산하면 얼마인가?(이자율

10%)

1,000,000 × 0.466 = 466,000원

1.3 연금의 미래가치와 현재가치

1.3.1 기말연금의 미래가치

연금(annuity)이란 일정기간 동안 일정금액을 계속적으로 예금하는 것을 의미한다. 따라서 연금의 미래가치란 매기간 말에 일정금액을 예금할 때 연금 최종기 말에서의 미래가치 총액을 의미한다.

$$S_n = P(1+i)^{n-1} + P(1+i)^{n-2} ++ \quad P(1+i)^1 + P$$
$$= P\left(\frac{(1+i)^n - 1}{i}\right)$$

$\left(\frac{(1+i)^n - 1}{i}\right)$를 연금의 복리이자요소(compound value interest factor for an annuity : $CVFA$) 또는 연금의 미래가치요소(future value factor for annuity : $FVFA$)라 한다.

예를 들어, 3년 동안 매년 말에 10,000원씩을 연간이자율 10%로 예금한 경우 3년 후의 연금의 미래가치는?

연금의 복리이자요소를 계산해 놓은 결과를 연금의 복리표라고 하는데, 연금의 복리표를 이용하여 연금의 미래가치를 계산하는 과정은 다음과 같다.

예를 들어, 3년 동안 매년 말에 10,000원씩을 연간이자율 12%로 예금한 경우 3년 후의 연금의 미래가치는?

$$10{,}000(1+0.1)^2 + 10{,}000(1+0.1)^1 + 10{,}000 = 10{,}000 \cdot 3.31 = 33{,}100$$

1.3.2 연금의 현재가치

매 기간 말에 받게 되는 금액들을 현재가치로 환산한 금액의 합계가 연금의 현재가치이다.

예를 들어, 매 기말 10,000원씩 3년간 받을 금액을 연간 할인율 10%로 할인하여 현재시점에서 일시불로 받을 경우 연금의 현재가치는 다음과 같다.

$$1년\ 후\ 연금의\ 현재가치 = \frac{10{,}000}{(1+0.1)}$$

$$2년후\ 연금의\ 현재가치 = \frac{10{,}000}{(1+0.1)^2}$$

$$3년후\ 연금의\ 현재가치 = \frac{10{,}000}{(1+0.1)^3}$$

$$\frac{10{,}000}{(1+0.1)} + \frac{10{,}000}{(1+0.1)^2} + \frac{10{,}000}{(1+0.1)^3} = 10{,}000\left(\frac{1}{(1+0.1)} + \frac{1}{(1+0.1)^2} + \frac{1}{(1+0.1)^3}\right) = 10{,}000 \times 2.4868 = 24{,}868$$

연금의 현가이자요소를 계산해 놓은 결과를 연금의 현가표라고 하는데 연금의 현가표를 이용하여 연금의 현재가치를 계산하는 과정은 다음과 같다.

$$A_n = \frac{P}{(1+i)} + \frac{P}{(1+i)^2} +++++ \frac{P}{(1+i)^n}$$

$$= P \times \frac{1 - \frac{1}{(1+i)^n}}{i} = P \{ \frac{(1+i)^n - 1}{i(1+i)^n} \}$$

$\frac{1 - \frac{1}{(1+i)^n}}{i}$를 연금의 현가이자요소(present value interest factor an annuity : $PVFA$)라 한다.

연금의 현가를 다음과 같이 계산할 수도 있다.

$n+1$시점부터의 영구연금은 $PV = \frac{C}{i}$인데 시점 0에서의 현가를 구하기 위하여 $\frac{1}{(1+i)^n}$만큼의 할인이 필요하다. $n+1$시점 이후의 현가는 $\frac{C}{i} \times \frac{1}{(1+i)^n}$

$\frac{C}{i} - \frac{C}{i} \times \frac{1}{(1+i)^n} = C [\frac{1}{i} - \frac{1}{i(1+i)^n}]$인데 연금의 현가요소는 $[\frac{1}{i} - \frac{1}{i(1+i)^n}]$이다.

예를 들어, 3년 동안 매년 말에 10,000원씩 받을 금액을 연간 할인율 12%로 할인하여 현재시점에서 일시불로 받을 경우 연금의 현재가치는?

예를 들어, 현재 5,000만원을 융자받을 때 10년 동안 원리금 균등상환을 한다. 연간 이자율 12%이다. 매년 지불하는 금액은?

5,000만원 $= C \times PVFA$(12%, 10년)

1.4 영구연금

영구연금(perpetuity)이란 매 기간 일정 금액을 영속적으로 지급

받는 현금흐름이다. 이와 같이 만기가 없고 이자만 수령하게 되는 영구 연금에 해당되는 것에는 영구채권이 있다

즉, 영구채권이란 영원히 상환되지 않고 일정금액의 이자만 지급되는 채권이므로 영구채권의 현재가치는 매년도 발생하는 이자를 시장이자율로 나눈 값이다.

$$PV = \frac{C}{(1+i)} + \frac{C}{(1+i)^2} + + + + \frac{C}{(1+i)^n}$$
$$= \frac{C}{(1+i)}(1 + \frac{1}{(1+i)} + \frac{1}{(1+i)^2} ++++++ \frac{1}{(1+i)^{n-1}})$$

이 식의 양변을 $\frac{C}{1+i}$를 곱한 다음 빼면 $PV = \frac{C}{i}$

예를 들어, 액면이 10,000,000원인 우선주에 대하여 매년 액면의 15%를 우선 배당금으로 지급하기로 되어 있고 이 우선주의 미래현금 흐름에 적합한 할인율이 12%라면 이 우선주의 현재가치는?

(10,000,000 × 0.15)/0.12 = 12,500,000원

이는 12,500,000원을 지불하고 이 우선주를 매입하게 되면, 매년 15%에 해당하는 이자 1,500,000원을 영원히 받을 수 있다는 의미와 같다

예를 들어, 매년 말에 2,000,000원씩의 현금을 장학금으로 지급하는 재단은 현 시점에서 얼마의 자금을 조달하여야 하는가? 시장이자율이 10%이다.

(2,000,000/0.1) =20,000,000원

이는 20,000,000원을 예금하고 이 예금을 찾지 않는다면 매년 10%에 해당하는 이자 2,000,000원을 영원히 받을 수 있다는 의미이다.

1.5 성장형 영구연금

$$PV = \frac{C}{1+i} + \frac{C(1+g)}{(1+i)^2} ++++++ \frac{C(1+g)^{n-1}}{(1+i)^n}$$

$$PV = \frac{C}{i-g}$$

예를 들어, 매년 말에 2,000,000원을 장학금으로 지급하는 재단은 현 시점에서 얼마의 자금을 조달하여야 하는가? 시장이자율이 10%이다. 물가상승률이 6%라 하고 물가상승률만큼 증가한 금액을 지급한다.

$$\text{필요기금} = \frac{2,000,000}{0.1 - 0.06} = 50,000,000\text{원}$$

1.6 연속적인 복리계산과 현가계산

이자가 1년에 한 번씩 계산되지 않고 1년에 두 번 이상 이자를 계산하는 경우의 미래가치와 현재가치는 다음과 같이 계산된다.

1.6.1 연속적인 복리계산

예를 들어, 연간이자율이 10%이고 6개월마다 이자가 계산되는 경우, 지금 10,000원을 예금하면 6개월 후의 미래가치는?

따라서 이자계산이 1기간 동안에 m번 행해지고 기간 당 이자율이 i일 때 n기간 후의 미래가치를 계산하는 일반적인 공식은 다음과 같다.

$$FV_n = C[(1+\frac{i}{m})^m]^n$$

연 이자율이 15%이며 분기마다 이자 지급하는 경우 원금 100만원의 5년 후 미래가치는?

$$500 \times (1 + \frac{0.15}{4})^{4*5} = 1,044\text{만원}$$

연속적인 현가계산도 마찬가지로 계산된다.

예를 들어, 연간 할인율이 12%이며 이자가 1년에 4번 계산된다면 3년 말에 받을 10,000원의 현재가치는?

5
chapter

주식과 채권의 가치평가

주식은 주식회사의 자본을 이루는 단위로서 자금을 출자했고 회사의 주인임을 표시하는 유가증권이다.

제 1 절 주식의 가치평가

1. 1 증권분석의 정의

증권의 분석은 그 증권의 내재가치를 알고자 하는데 그 목적이 있다. 이 내재가치란 증권이 적절하게 평가될 때 시장에서 지배하게 될 시장가치를 말한다. 여기에서 증권이 적절하게 평가된다는 것은 그 증권을 소유함으로써 얻게 될 미래의 현금흐름을 충분한 정보에 의하여 예측하고 그 흐름의 위험도에 상응하는 할인율 또는 필요수익률로서 미래의 기대현금흐름을 자본환원하여 그 증권의 현재가치를 구하게 된다는 것을 의미한다.

일반적으로 증권의 내개가치가 시장가격보다 높을 경우에는 증권을 매입하고, 내재가치가 시장가치보다 낮을 경우에는 증권을 매각하게 된다. 따라서 시장가치와 본질적인 가치가 차이가 있을 때에는 시간이 경과함에 따라 시장가치는 결국 내재가치에 접근한다.

1. 2 주식의 평가요인

주식의 가치는 어떤 주식을 소유함으로써 얻을 수 있는 미래수익의 크기와 그 위험에 따라 결정된다. 즉, 주가는 주식투자로부터 얻을 수 있는 미래수익을 적절한 할인율로 자본화한 현재가치이다. 이와 같은 주가는 기업의 수익이나 배당 등과 같은 수익력을 기초로 계산한 가치이므로 그 주식의 내재가치 또는 수익가치라고 한다.

한편 주식은 자산가치에 의하여 평가할 수 있다.

주식의 내재가치를 평가함에 있어서 수익을 기준으로 할 것인가, 배당을 기준으로 할 것인가에 따라 이익설과 배당설로 구분할 수 있다.

이익설은 주식평가의 기준은 1주당 이익이 되어야 한다는 주장이고, 배당설은 주식을 소유함으로써 실제로 얻을 수 있는 현금흐름은 미래의 배당이므로 1주당 배당을 기준으로 주식을 평가하여야 한다는 주당이다.

1. 3 주식평가의 기본모형

주식의 본질가치는 미래의 기대현금흐름을 화폐의 시간성과 위험을 반영한 적절한 위험조정할인율(자기자본 비용)로 할인된 가치이다.

1.3.1 배당평가모형

주식의 가치는 미래의 주당배당을 적절한 할인율로 자본화한 현재가치라는 것이다.

1) 제로 성장률 모형

매 기간 배당이 일정하여 1년 후 배당금이 계속적으로 지급된다고 가정한다. 제로 성장률 모형은 미래의 배당 성장률이 0%라는 가정에 기초하고 있는 배당할인모형이다.

어떤 주식을 n년간 소유하고 그 주식을 n년 후에 매각한다고 하면 주식의 가치는 다음과 같이 계산된다.

결국 배당모형에 의한 주가는 향후 예상되는 현금, 배당 뿐만 아니라 매매차익까지도 모두 고려하고 있다는 것을 알 수 있다.

배당이 매년 D로 일정하다면 주식가격(S_0)은

$$S_0 = \frac{D}{(1+k)} + \frac{D}{(1+k)^2} ++++ \frac{D}{(1+k)^n}$$

영구 연금계산 공식과 같이 $\frac{D}{k}$가 된다.

즉, 주가는 배당을 기대수익률로 나눈 것이다.

예를 들어, 어느 회사의 주식은 소유하였을 때 매년 1,000원의 배당을 지급한다고 하자. 이 미래배당의 현가를 계산하기 위한 할인율이 20%라고 하면 이 주식의 가격은 얼마인가?

주식을 발행한 기업의 성장이 없는 경우는 이익을 모두 배당으로 지급하는 경우이므로 한 주식 당 지급되는 배당이 EPS와 같다.

2) Gorden의 항상성장모형

항상성장모형은 주당 배당금이 매년 일정한 비율로 영구히 성장한다는 가정에 기초하고 있는 모형이다.

가정 : ① 배당금은 영원히 지급된다.

② 배당금은 매년 g의 비율로 영원히 성장한다.

③ 기대수익률(할인율)은 성장률보다 크다.

1기의 배당을 D_1, 배당의 증가율을 g라 하면 t기의 배당금 D_t는

$$D_t = D_1(1+g)^{t-1}$$

$$\text{주식가격}(S_0) = \frac{D_1}{(1+k)} + \frac{D_1(1+g)}{(1+k)^2} + + + \frac{D_1(1+g)^{n-1}}{(1+k)^n}$$

$$= \frac{D_1}{k-g}$$

$$\text{주식가격}(S_0) = \frac{D_1}{k-g} = \frac{D_0(1+g)}{k-g}$$

[예제] 어느 주식의 예상 배당액은 D_1=670원, 배당성장률 g=0.08이 예상되고 주식의 현재가치(S_0)=11,600원이다. 할인율은 얼마인가?

k=670/11,600 +0.08=0.1378

β를 이용하는 경우

어느 주식의 베타값이 1.5이다. 시장기대수익률이 20%로 예상되고 무위험수익률이 10%이다. 할인율은 얼마인가?

$$k = E(R_i) = R_f + (E(R_m) - R_f)\beta$$
$$= 10 + (20 - 10) \times 1.5 = 25$$

베타값의 계산과정

$$R_i = a + bR_m$$
$$\mathrm{COV}(R_i, R_m) = \mathrm{COV}((a + bR_m), R_m)$$
$$= b\ Var(R_m)$$
$$b = \mathrm{COV}(R_i, R_m) / Var(R_m)$$

주식A(R_i)	종합주가지수(R_m)
13	12
7	10
-5	-12
1	1
11	15

$E(R_i) = (13+7-5+1+11)/5 = 5.4$

$E(R_m) = (12+10-12+1+15)/5 = 5.2$

$\mathrm{Var}(R_m) = ((12-5.2)^2+(10-5.2)^2+(-12-5.2)^2+(1-5.2)^2+(15-5.2)^2)/5$

$= 95.8$

주식A와 시정포트폴리오의 공분산

$\mathrm{COV}(R_i, R_m) = ((13-5.4)(12-5.2)+(7-5.4)(10-5.2)+(-5-5.4)$
$(12-5.2)+(1-5.4)(1-5.2)+(11-5.4)(15-5.2) = 62.3$

$\mathrm{b} = \mathrm{COV}(R_i, R_m)/ \mathrm{Var}(R_m)$

$= 62.3/95.8 = 0.65$

예를 들어 내년에 기대되는 배당금은 800원이다. 그리고 배당성장률은 5%로 기대되고 있고, 이 주식의 기대수익률은 10%이다.

다른 조건은 동일하고 필수수익률만 10%에서 11%로 증가한 경우 각각의 주가는?

필수수익률이 10%인 경우 주가는 16,000원이 되고 필수수익률이 11%로 증가하면 주가는 13,000원이 된다.

결국 할인율이 10%에서 11%로 증가하게 되면 주가는 16,000원에서 13,000원으로 하락하게 된다.

예를 들어, 다른 조건은 동일하고 성장률만 9%로 변한 경우 할인율이 10%, 11%일 때의 주가는?

할인율이 10%인 경우에는 80,000원이 되고, 할인율이 11%로 증가한 경우의 주가는 40,000원이 된다.

1.3.2 이익평가모형

주식의 주가는 미래에 예상되는 주당이익의 흐름을 적절한 할인율로 자본화한 현재가치이다.

배당평가 모형은

$$\text{주식가격}(S_0) = \frac{D_1}{(1+k)} + \frac{D_1(1+g)}{(1+k)^2} +++++$$

$$= \frac{D_1}{k-g}$$

인데 반해 이익평가 모형은 주당수익의 현재가치라 할 수 있다.

$$\text{주식가격}(S_0) = \frac{EPS_1}{(1+k_e)} + \frac{EPS_1(1+g)}{(1+k_e)^2} +++++$$

두 모형의 가치는 같기 때문에

$$\frac{D_1}{(k-g)} = \frac{EPS_1}{(k_e - g)}$$

$D_1 = EPS_1$(1-내부유보율)이기 때문에
$k = k_e$(1-내부유보율)+(내부유보율)× g
$= k_e$-내부유보율$(k_e - g)$

이익의 일부가 내부 유보되이 재투자되는 경우 $k_e > k$가 되이 이익흐름에 대한 할인율이 배당흐름의 할인율보다 크게 된다.

제 2 절 채권의 가치평가

2. 1 채권의 기대수익률과 위험

채권은 자금차입에 대해 발행되는 유가증권의 일종으로 액면금액, 이자율, 만기상환일 등이 표시되어 있다. 발행자가 정해진 이자를 지급하고 일정기간 이후에는 액면금액을 상환할 것을 약속한 증서이다 액면금액에 대한 이자의 비율을 표면이자율이라 한다

만기일에만 이자를 지급하는 순수 할인 채권과 매 기간 이자를 지급하고 만기일에 상환하는 이표채가 있다.

2. 2 기대수익률

투자자가 어떤 채권에 투자한 후 일정기간이 지난 다음 다시 이를 현금화할 경우 그 채권의 금액은 시간의 경과에 따라 변동하게 되는데 이 증가 또한 감소된 부분의 금액을 최초의 투자자금의 규모에 대한 비율로서 나타낸 것이다.

2.3 위험

채권의 위험이란 채권 투자에 대한 투자자의 기대수익률에 대한 불확실성을 의미한다. 기대되는 투자수익률이 10%라 할 때 실제로 실현되는 수익률은 그보다 높을 수도 있고 낮을 수도 있는데 기대수익률의 실현가능성에 대한 변동폭이 클 경우 이를 위험이 높은 채권이라 한다.

2.4 채권의 분석

2.4.1 채권의 가격

채권의 가격이란 채권을 소유함으로써 투자자가 얻게 되는 현금흐름, 즉 이자(이자=액면가액×표면이자율)와 원금 상환액을 채권의 위험에 상응하는 적절한 할인율로서 할인한 것이다. 이와 같은 채권의 가격에 영향을 미치는 요인은 채권수익률(bond yield), 액면가액(face value), 표면이자율(coupon rate), 만기(maturity) 등을 들 수 있다. 채권수익률(할인율)은 이자율 또는 인플레이션이나 채권 자체의 위험에 따라 변동한다.

$$P_0 = \sum_{t=1}^{n} \frac{CF_t}{(1+r)^t}$$

예를 들어, 정부에서 양곡기금증권을 발행하였는데 그 조건은 다음과 같다고 가정한다.

표면이자율:10%(액면 1,000원)

만기:2년

원금상환: 만기일 상환

현재 시장이자율이 10%라고 하면 이 채권의 시장가격은?

$$V_0 = \frac{100}{(1+0.1)} + \frac{100+1,000}{(1+0.1)^2} = 1,000$$

현재 시장이자율이 8%라고 하면 이 채권의 시장가격은?

$$V_0 = \frac{100}{(1+0.08)} + \frac{100+1,000}{(1+0.08)^2} = 1,134$$

현재시장이자율이 12%라고 하면이 채권의 시장가격은?

$$V_0 = \frac{100}{(1+0.12)} + \frac{100+1,000}{(1+0.12)^2} =$$

채권의 경우 현금유입액의 현재가치와 채권의 현재가격을 일치시키는 할인율을 만기수익률이라 한다. 위의 예에서 채권이 1,000원에 거래되고 있다면 채권의 만기수익률은 10%이다.

만기수익률이란 내부수익률과 같은 의미이다.

예를 들어, A회사가 발행한 회사채의 발행조건이 다음과 같다.

액면가액은 10,000원
상환가액은 10,000원
만기는 3년
표면이자율은 12%
(채권투자수익률)=14%이다.

이 회사채의 현재가치를 계산하기 위해 우선 현금흐름표를 작성하면 다음과 같다.

$$V_0 = \frac{1200}{(1+0.14)} + \frac{1200}{(1+0.14)^2} + \frac{1200+10,000}{(1+0.14)^3} =$$

2.4.2 채권수익률과 채권가격의 관계

채권가격과 채권수익률(시장이자율)은 역의 관계에 있다. 따라서 액면이자율이 시장이자율보다 낮으면 할인채권이라고 하고, 이때 채권의 가격은 액면가격보다 낮다. 액면이자율이 시장이자율보다 높으면 할증채권이라고 하고, 이때 채권의 가격은 액면가격보다 높다.

액면이자율이 시장이자율과 같으면 이때 채권의 가격은 액면가격이 된다.

예를 들어, 이자지급은 1년에 1회 지급하고, 액면이자율(COUPON RATE)은 15%이고, 액면가액은 10,000원인 5년 만기 채권의 가격과 채권수익률의 관계를 알아보면 다음과 같다.

액면이자율	시장이자율	채권가격
15%	12%	11,086원
	14%	10,344원
15%	15%	10,000원
15%	16%	9,672원
	18%	9,062원

$$V_0 = \frac{1,500}{(1+r)} + \frac{1,500}{(1+r)^2} +++ \frac{1,500+10,000}{(1+r)^5}$$

시장이자율과 채권가격간의 관계

시장이자율 〉 액면이자율 → 할인채권(채권가격 〈 액면가격)

시장이자율 〈 액면이자율 → 할증채권(채권가격 〉 액면가격)

시장이자율 = 액면이자율 → 액면채권(채권가격 = 액면가격)

6
chapter

포트폴리오 이론

제 1 절 포트폴리오의 기대수익률과 위험

1.1 포트폴리오의 정의

개별자산의 위험은 수익률의 분산으로 측정되지만 실제투자는 여러 자산에 투자하는 자산의 조합을 이루는 경우가 많다.

확실성하에서의 투자 안에 대한 의사결정은 가장 높은 수익을 제공하는 자산을 선택하면 되지만, 불확실성하에서는 수익 뿐만 아니라 위험도 중요한 투자의 결정변수가 된다.

따라서 위험을 줄이기 위하여 하나의 자산에만 집중적으로 투자하지 않고 투자자금을 여러 자산, 즉 주식, 채권, 부동산, 예금 등에 나누어 투자하게 되는데, 이와 같이 하나의 자산에만 투자하지 않고 둘 이상의 자산에 분산투자 할 경우 포트폴리오(portfolio)라 한다. 따라서 포트폴리오란 둘 이상 자산의 결합을 의미한다.

투자자들이 이와 같이 포트폴리오를 구성하여 투자하는 이유는 여러 자산 또는 여러 주식에 분산 투자함으로써 투자수익을 희생시키지 않으면서 위험을 줄일 수 있기 때문이다.

1.2 포트폴리오의 기대수익률

포트폴리오의 기대수익률은 포트폴리오를 구성하는 각 자산의 기대수익률을 개별자산에 대한 투자비율로 가중 평균하여 측정할 수 있다.

이를 수식으로 나타내면 다음과 같다.

$$E(R_p) = E(w_1 R_1 + w_2 R_2) = w_1 E(R_1) + w_2 E(R_2)$$

1.3 포트폴리오의 위험

각 상황에 따라 수익률이 높아지는 자산과 수익률이 하락하는 자산을 적절한 비율로 결합한다면 상황변동에 관계없이 매우 안정적인 수익을 얻을 수 있다.

이와 같이 두 자산의 수익률이 어떤 관계를 갖고 변동하는가는 포트폴리오의 위험의 크기에 커다란 영향을 미치며 이는 통계적으로 공분산(convariance) 또는 상관계수(correlation coeffcient)에 의하여 측정된다. 즉, 이들은 어떤 두 자산의 수익률이 함께 움직이는 정도를 나타내는 척도이다.

$$\begin{aligned} Var(R_p) = \ & Var(w_1 R_1 + w_2 R_2) = w_1^2 Var(R_1) + w_2^2 Var(R_2) \\ & + 2 w_1 w_2 Cov(R_1, R_2) \end{aligned}$$

1) 공분산(covariance)

두 증권의 수익률이 함께 변화하는 정도를 나타내주는 통계치인 공분산(covariance)은 편차의 곱의 기대치이다. 즉, 두 자산의 수익률의 편차를 서로 곱하고, 이 편차의 곱에 확률을 곱하여 합한다.

이와 같이 계산되는 공분산은 두 증권의 수익률이 각 기대값을 중심으로 동일한 방향으로 움직이면, (+)값을 갖게 되고, 서로 반대방향으로 움직이면 (-)값을 갖게 된다.

하지만 공분산은 두 증권의 수익률간의 변화의 방향을 나타내어 줄 뿐이지, 두 증권 수익률간의 상관관계의 정도를 정확히 나타내주지는 못한다. 두 증권 수익률간의 상관관계를 정확히 밝혀주는 것은 상관계수이다.

다음과 같은 자료가 있다.

상황	확률	주식(X_1)	주식(X_2)	주식(X_3)	주식(X_4)
1	0.2	40%	-10%	-10%	28%
2	0.2	-10	40	40	20
3	0.2	35	-5	-5	41
4	0.2	-5	35	35	17
5	0.2	15	15	15	3

위 주식들의 투자비중이 50%일 때 주식(X_1)과 주식(X_2)의 포트폴리오 기대수익률과 분산, 주식(X_2)와 주식(X_3)의 포트폴리오 기대수익률과 분산, 주식(X_1)와 주식(X_4)의 포트폴리오 기대수익률과 분산을 계산하라.

〈부록〉

이산확률변수 X가 취하는 값이 x_1, x_2, $\cdots$ 이고, $X=x_i$일 확률이 $f(x_i)=P(X=x_i)$, ($i=1, 2, \cdots$)로 주어질 때, 기대치는 $E(X)$로 나타낸다.

$$
\begin{aligned}
E(X) &= \sum_{i=1}^{\infty} x_i P(x_i) \\
&= x_1 P(X=x_1) + x_2 P(X=x_2) + \ldots
\end{aligned}
$$

연속확률변수 X가 구간[l , u]의 모든 값을 취하고, X의 확률밀도함수가 $f(x)$일 때,

$$
E(X) = \int_l^u x f(x)\, dx
$$

를 연속확률변수 X의 평균 또는 기대값이라 한다.

분산은 다음과 같다.

$$
Var(X) = E[(X-\mu)^2]
$$

확률변수의 분산과 표준편차 정리
X의 평균이 μ일 때, (a) $\mathrm{Var}(X) = E[(X-\mu)^2]$ $= \Sigma(x_i-\mu)^2 P(x_i)$ (이산확률변수) $\int (x-\mu)^2 f(x)dx$ (연속확률변수) (b) $sd(X) = \sqrt{Var(X)} = \sqrt{E[(X-\mu)]}$

$$Var(X) = E[(X-\mu)^2] = E(X^2 - 2\mu X + \mu^2)$$
$$= E(X)^2 - 2\mu E(X) + \mu^2$$
$$= E(X)^2 - \mu^2$$

[찬조] $E(aX+b) - aE(X)+b$

기대값의 성질

$$E(aX+b) = \sum_{i=1}^{n}(aX+b)P(X)$$
$$= a\sum_{i=1}^{n} XP(X) + b\sum_{i=1}^{n} P(X)$$
$$= a\,E(X) + b$$

즉, $Var(X) = E(X^2) - [E(X)]^2$

분산에 대한 성질은 다음과 같다.

$$Var(X+a) = E[(X+a) - E(X+a)]^2$$
$$= Var(X)$$
$$Var(aX) = E[(aX) - E(aX)]^2$$

$$= E[(aX) - aE(X)]^2$$
$$= a^2 E[X - E(X)]^2$$
$$= a^2 Var(X)$$

$$Var(aX + b) = E[(aX + b) - E(aX + b)]^2$$
$$= E[(aX) - E(aX)]^2$$
$$= E[(aX) - aE(X)]^2$$
$$= a^2 E[X - E(X)]^2$$
$$= a^2 Var(X)$$

$$Cov(X, Y) = E[(X - \mu_1)(Y - \mu_2)]$$
$$Corr(X, Y) = \frac{Cov(X, Y)}{sd(X)sd(Y)}$$

공분산의 간편한 계산법은 다음과 같다.

$$Cov(X, Y) = E[(X - \mu_1)(Y - \mu_2)]$$
$$= E(XY - \mu_2 X - \mu_1 Y + \mu_1 \mu_2)$$
$$= E(XY) - \mu_2 E(X) - \mu_1 E(Y) + \mu_1 \mu_2$$
$$= E(XY) - \mu_1 \mu_2$$
$$= E(XY) - E(X) \cdot E(Y)$$

◎$\sigma(X, Y)$가 (+)값을 가질 때
X와 Y가 같은 방향으로 움직인다. 즉, X가 커지면 Y도 커지는 경향이 있고, X가 작아지면 Y도 작아진다.
◎$\sigma(X, Y)$가 0의 값을 가질 때
X와 Y는 관계가 없다.
◎$\sigma(X, Y)$가 (−)값을 가질 때
X와 Y가 반대방향으로 움직인다. 즉, X가 커지면 Y는 작아지고, X가 작아지면 Y는 커지는 경향이 있다.

두 사업안의 수익에 대한 확률분포는 다음과 같다. 공분산을 구하여라.

		B사업안의 수익(Y)		계
		8억원	12억원	
A사업안의 수익(X)	9억원	0.05	0.25	0.30
	13억원	0.20	0.50	0.70
	계	0.25	0.75	1.00

[풀 이]

공분산을 계산하기 위해서는 먼저 $E(X)$, $E(Y)$를 구하여야 하는데 X와 Y의 주변확률을 이용하여 계산할 수 있다.

$$E(X) = 9(0.30)+13(0.7) = 11.8\text{억원}$$
$$E(Y) = 8(0.25)+12(0.75) = 11\text{억원}$$

여기에 x_1=9억원, x_2=13억원, y_1=8억원, y_2=12억원, $E(X)$=11.8억원, $E(Y)$=11억원을 각각 대입하면,

$$\sigma(X, Y) = (9-11.8)(8-11)(0.05) + (9-11.8)(12-11)(0.25)$$
$$+ (13-11.8)(8-11)(0.20) + (13-11.8)(12-11)(0.50)$$
$$= -0.40$$

$\sigma(X, Y) = -0.40$이므로 사업안 A의 수익과 사업안 B의 수익은 서로 다른 방향으로 움직인다. 즉, 반비례적인 관계가 있다고 할 수 있다.

두 개의 확률변수 X와 Y가 독립적이면,

$$\sigma(X, Y) = E(XY) - E(X) \cdot E(Y) = 0$$

공분산의 성질 중 중요한 것은 두 개의 확률변수 X, Y가 독립일 때, 공분산은 0이 된다는 점이다.

상관계수는 다음과 같이 정의한다.

$$Cov(X, Y) = E[(X - \mu_1)(Y - \mu_2)]$$
$$Corr(X, Y) = \frac{Cov(X, Y)}{sd(X)sd(Y)}$$

공분산의 간편한 계산법은 다음과 같다.

$$Cov(X, Y) = E[(X - \mu)1)(Y - \mu_2)]$$
$$= E(XY - \mu_2 X - \mu_1 Y + \mu_1 \mu_2)$$
$$= E(XY) - \mu_2 E(X) - \mu_1 E(Y) + \mu_1 \mu_2$$
$$= E(XY) - \mu_1 \mu_2$$

$$Cov(X+Y,Z) = Cov(X,Z) + Cov(Y,Z)$$
$$= E[(X+Y-E(X+Y)][(Z-E(Z)]$$
$$= E[X-E(X)+Y-E(Y)][(Z-E(Z)]$$
$$= Cov(X,Z) + Cov(Y,Z)$$

참고로 $Y = aX + b$일 때 $Cov(X,Y) = Cov(X, aX+b)$

$= E[(X-E(X)(aX+b-E(aX+b)] = aVar(X)$

$a = Cov(X,Y)/Var(X)$

공분산과 상관계수의 성질
$Cov(a,X) = 0$ $Cov(X,X) = Var(X)$ $Cov(aX+b, cY+d) = ac\,Cov(X,Y)$ $Cov(X+Y, Z+W) = Cov(X,Z) + Cov(X,W) + Cov(Y,Z) + Cov(Y,W)$ $Cov(X, aX+b) = a\,Var(X)$ $Cov(X+Y,Z) = Cov(X,Z) + Cov(Y,Z)$ $Cov(aX+bY, cZ) = ac.Cov(X,Z) + bc.Cov(Y,Z)$
$-1 \leqq Corr(X,Y) \leqq 1$ $Corr(aX+b, cY+d) = Corr(X,Y)$, $ac > 0$ 경우 $= -Corr(X,Y)$, $ac < 0$ 경우 $P(Y = aX+b) = 1$이면, $Corr(X,Y) = 1$, $a > 0$ 경우 $Corr(X,Y) = -1$, $a < 0$ 경우

1. 두 확률변수의 기대값

$$E(X_i + Y_j) = E(X_i) + E(Y_j)$$

2. 두 확률 변수의 분산

$X+Y$의 분산을 구하여 보자. 분산의 정의에 의해 나음과 같이 나타낼 수 있다.

$$Var(X+Y) = E[(X+Y) - E(X+Y)]^2$$
$$= E[(X - E(X) + Y - E(Y)]^2$$
$$= E[X - E(X)]^2 + E[Y - E(Y)]^2 + 2E[(X - E(X)][(Y - E(Y)]$$
$$= Var(X) + Var(Y) + 2Cov(X, Y)$$

	X	Y
X	$Cov(X,X)$	$Cov(X,Y)$
Y	$Cov(X,Y)$	$Cov(Y,Y)$

$$Var(w_1X + w_2Y) = w_1^2 Var(X) + w_2^2 Var(Y) + 2w_1w_2Cov(X, Y)$$

	w_1X	w_2Y
w_1X	$w_1w_1Cov(X,X)$	$w_1w_2Cov(X,Y)$
w_2Y	$w_1w_2Cov(X,Y)$	$w_2w_2Cov(Y,Y)$

이 결과를 N개의 변수들의 경우까지 확대하여 일반화할 수 있다. 예를 들어 3개의 변수를 X_1, X_2, X_3라고 하면, 다음과 같이 된다.

$$V(X_1 + X_2 + X_3) = V(X_1) + V(X_2) + V(X_3) + 2Cov(X_1, X_2)$$
$$+ 2Cov(X_2, X_3) + 2Cov(X_3, X_1)$$

$$Var(X_1 + X_2 +++ X_n) = \sum_{i=1}^{n} Var(X_i) + \sum_{i=1}^{n}\sum_{j=1}^{n} Cov(X_i, X_j)$$

단 $i \neq j$일 때

[예제]

X와 Y의 기대값과 분산이 다음과 같다.

	기대값	분산
X	10%	0.09
Y	20%	0.16

X와 Y의 비율에 따른 기대값과 분산은 다음과 같다.

X 비중	Y 비중	기대값	분산
100%	0%	10%	0.09
50%	50	15%	0.03
0%	100%	20%	0.16

상관계수=0.5가정

상관계수의 변화에 따른 분산의 변화(50;50가정)

상관계수	기대값	분산
+1	15%	0.122
0.5	15	
0	15	0.062
-0.5	15	
-1	15	0.002

최소분산을 위한 투자비율

$$Var(w_1 X + w_2 Y) = w_1^2 Var(X) + w_2^2 Var(Y) + 2w_1 w_2 \ Cov(X, Y)$$

$Var(w_1 X + w_2 Y)$를 최소화하는 w_1를 계산하기 위해서 미분하면

$$w_1 = (Var(Y) - Cov(X, Y)) / (Var(X) + Var(Y) - 2Cov(X, Y))$$

두 확률변수의 합의 분산
(a) $Var(X+Y)=Var(X)+Var(Y)+2Cov(X,Y)$
(b) $Var(X-Y)=Var(X)+Var(Y)-2Cov(X,Y)$

두 확률변수의 합과 차의 기대값
(a) $E(X+Y)=E(X)+E(Y)$
(b) $E(X-Y)=E(X)-E(Y)$
(c) $E(aX+bY)=aE(X)+bE(Y)$
(d) $E(aX-bY)=aE(X)-bE(Y)$

두 확률 변수의 합과 차의 분산
(a) $Var(X+Y)=Var(X)+Var(Y)+2Cov(X,Y)$
(b) $Var(X-Y)=Var(X)+Var(Y)-2Cov(X,Y)$
(c) $Var(aX+bY)=a^2Var(X)+b^2Var(Y)+ab2Cov(X,Y)$
(d) $Var(aX-bY)=a^2Var(X)+b^2Var(Y)-ab2Cov(X,Y)$
(e) $Cov(X,Y)=E(XY)-E(X)E(Y)$
(f) $Cov(aX,bY)=abCov(X,Y)$

두 확률 변수가 독립이면
(a) $Var(X+Y)=Var(X)+Var(Y)$
(b) $Var(X-Y)=Var(X)+Var(Y)$
(c) $Var(aX+bY)=a^2\ Var(X)+b^2\ Var(Y)$
(d) $Var(aX-bY)=a^2\ Var(X)+b^2\ Var(Y)$
(e) $Cov(X,Y)=0$
왜냐하면 $E(XY)=E(X)E(Y)$이기 때문

만약 두 확률변수가 독립이면

두 확률변수 X와 Y의 결합분포에서 모든 (x,y)에 대하여,

$$f(x,y) = f(x)f(y)$$

$$E(XY) = \sum_{i=1}^{\infty} \sum_{j=1}^{\infty} X_i Y_i \ . \ f(x_{i,} y_i)$$
$$= \sum_{i=1}^{\infty} \sum_{j=1}^{\infty} X_i Y_i . f(x_i).f(y_i)$$
$$= \sum_{i=1}^{\infty} X_i f(x_i) \sum_{j=1}^{\infty} Y_i f(y_i)$$
$$= E(X)E(Y)$$

가 성립하므로

$$Cov(X, Y) = E(XY) - E(X)E(Y) = 0$$

가 된다. 그러므로 확률변수의 합의 분산공식으로부터

$$Var(X \pm Y) = Var(X) + Var(Y)$$

7 chapter

레버리지 분석

기업이 자본을 투자하여 경영활동을 하면 비용이 발생한다. 기업이 고정자산을 보유하면 고정영업비용이 발생하고, 타인자본을 사용할 때는 이자비용이 발생한다.

고정자산을 보유할 때는 감가상각비등 고정비, 그리고 타인자본을 사용할 때는 이자비용이 고정비가 된다.

감가상각비와 이자비용은 영업활동의 수준과 관계없이 발생하는데, 이러한 고정비의 부담을 레버리지 효과라 한다.

고정자산을 보유함으로써 발생하는 고정영업비용을 부담하는 것을 영업레버리지라 하며, 타인자본의 사용에 따라 고정재무비용을 부담하는 레버리지를 재무레버리지라 한다.

영업레버리지와 재무레버리지를 설명하고, 이 두 레버리지가 각각 재무의사결정에 어떤 영향을 미치는가를 설명한다. 또한 두 레버리지가 결합하여 일어나는 결합레버리지에 대하여 설명한다.

제 1 절 레버리지분석의 의의

기업은 영업활동이 활발하든 아니든 간에 고정적으로 부담하는 고정영업비용(고정비)이 발생한다. 또한 기업이 타인자본을 사용하면 고정적으로 부담하는 고정영업비용(이자)이 발생한다. 이런 고정적인 성격의 비용이 있을 때, 매출액이 증가하고 감소함에 따라 영업이익이나 순이익의 변화가 크게 나타난다.

기업이 의사결정을 할 때에는 미래의 매출액을 예측하는 것도 중요하지만, 매출액의 변화에 따른 영업이익이나 순이익의 변화양상을 분석하는 것이 레버리지분석(Leverage Analysis)이라 한다.

매출액의 변화에 따른 영업성과의 변화양상을 분석하기 위해서는 레버리지가 나타나는 손익계산서를 분석하여야 한다. 손익계산서상에서의 레버리지는 다음과 같은 세 가지 개념이 있다.

① 영업레버리지(Operating Leverage) : 고정자산을 보유함으로써 고정영업비용을 부담하는 것.

② 재무레버리지(Financial Leverage) : 타인자본을 사용함으로써 고정재무비용을 부담하는 것.

③ 결합레버리지(Combined Leverage) : 영업레버리지와 재무레버리지를 결합한 것으로, 고정자산과 타인자본의 사용으로 인해 고정비용을 부담하는 것.

결국 손익계산서상에서 레버리지를 정의한다면 '고정비용을 수반하는 자산구성이나 타인자본의 사용'을 의미한다고 할 수 있다.

따라서 레버리지분석이란 고정자산의 사용으로 인한 고정영업비용이나 타인자본의 사용으로 인한 이자비용이 기업의 영업이익이나 순이익에 미치는 영향을 분석하는 것을 말한다.

이를 좀더 자세히 살펴보자. 〈표 7-1〉은 손익계산서에서 매출액으로부터 순이익이 계산되는 과정을 간단하게 나타낸 것이다.

〈표 7-1〉 손익계산서

구분	손익계산서	구분
	매출액	
	(-)매출원가	
I. 영업레버리지	매출총이익	
	(-)판매비와 관리비	
	영업이익(EBIT)	III. 결합레버리지
	(-)이자비용	
II. 재무레버리지	세전이익(EBT)	
	(-)법인세	
	세후순이익(EAT)	

〈표 7-1〉의 손익계산서에서 나타나는 위험은 영업위험과 재무위험으로 나누어진다. 영업위험은 기업의 영업활동에 따른 영업이익의 변동성을 말하는데, 매출액으로부터 영업이익인 이자와 법인세 차감전의 이익(earnings before interests and taxes : EBIT)과의 관계이다. 총 영업비용 중 고정영업비용이 차지하는 비중이 클수록 영업위험은 높아진다. 즉 영업위험은 영업비용의 구조에 의하여 결정된다. 또 재무위험은 자본조달에서 부채를 사용할 때 발생하는 위험을 말하는데 부채의존도가 높을수록 영업이익이 변동할 때 순이익이 높은 비율로 변동하는 순이익의 변동성을 말한다.

영업이익에서 주주에게 돌아가는 세후순이익까지의 계산되는 위험인데, 즉 영업이익에서 이자비용을 뺀 세전이익(earnings before taxes : EBT)에서 법인세를 뺀 세후순이익(earnings after taxes : EAT)이다.

영업위험에 관련된 것이 영업레버리지 분석이라 한다. 이 분석은 매출액의 변화가 영업이익에 미치는 영향을 분석하는 것으로서,

매출액과 영업이익의 관계에 영향을 미치는 고정적인 영업비용, 즉 고정비 때문에 발생한다.

재무위험에 관련된 것이 재무레버리지 분석이다. 재무레버리지분석은 영업이익의 변화가 주주의 이익에 미치는 영향을 분석하는 것으로, 고정재무비용인 이자비용 때문에 발생한다.

또한 손익계산서의 전체적인 변화, 즉 매출액변화가 고정영업비용의 지출과 이자비용의 지출 정도에 따라 주주의 최종적인 이익에 어떠한 영향을 미치는가를 분석해야 한다. 이를 결합레버리지분석이다 한다.

제 2 절 손익분기점과 영업레버리지 분석

2. 1 영업레버리지

영업레버리지(operating leverage)란 고정자산을 보유함으로써 고정영업비용을 부담하는 것을 말한다. 영업레버리지분석은 매출액의 증감과 관계없이 일정하게 발생하는 고정영업비용이 매출액의 변화에 따른 영업이익의 변동에 어떤 영향을 미치는지를 분석하는 데 있다. 그러면 고정비 때문에 매출액의 변화에 따라 영업이익이 어떻게 변화하는가를 예를 들어 살펴보자. 영업레버리지 부분을 〈표 7-2〉와 같이 정리한다.

〈표 7-2〉 고정비와 변동비의 구분

매출액	고정적 매출원가 →고정 영업비용	매출액
(-)매출원가	변동적 매출원가 →변동 영업비용	(-)고정 영업비용(고정비)
매출총이익		
(-)판매비와 관리비	고정적 판관비 → 고정 영업비용	(-)변동 영업비용(변동비)
영업이익	변동적 판관비 → 변동 영업비용	영업이익

어느 회사의 매출액이 500만원이고, 고정비가 290만원이며, 변동비는 매출액의 40%를 차지한다고 하자. 그러면 이때의 변동비는 200(500×0.4)만원이며, 영업이익은 10(500-200-290)만원이다.

매출액이 10% 증가하여 550만원이 될 때 영업이익은 40만원으로서 300%가 증가한다. 매출액이 10% 감소하여 450만원이 되면 영업이익은 -20만원으로서 300%가 감소하게 된다.

〈표 7-3〉 영업레버리지와 영업이익의 변화

항목	10% 감소	현재	10% 증가
매출액	450	500	550
(-)고정비	290	290	290
(-)변동비	180	200	220
영업이익(만원)	-20	10	40

〈표 7-3〉에서 보는 것과 같이 매출액의 변화율과 영업이익의 변화율이 차이가 있는데, 영업이익의 변화율이 더 크게 나타나는 것은 매출액의 증가나 감소에 관계없이 일정하게 지출되어야 하는 고정비로 인해 발생한다.

이러한 현상을 영업레버리지효과(operating leverage effect)라 한다.

영업레버리지분석은 이와 같이 매출액, 고정영업비용, 그리고 영업이익의 변화 사이에 나타나는 영향의 관계를 분석하는 것이다. 매출액, 영업비용, 영업이익이 서로 어떤 관계에 있는가를 밝히는 것이 손익분기점분석(break-even point analysis : BEP 분석)이다.

2.2 손익분기점분석

영업레버리지분석에서는 매출액과 영업비용이 같게 되어 영업이익이 0이 되는 매출액, 매출수량을 손익분기점이라 한다. 매출액이 손익분기점을 초과할 때는 이익이 발생하고 미달할 때는 손실이 발생한다.

손익분기점분석은 기업의 경영활동과정에서 발생하는 원가(cost), 매출액(혹은 매출량 : volume), 이익(profit)의 상호관계를 분석하기 때문에 이것을 CVP분석(cost-volume-profit analysis)라고도 한다.

매출액과 비용의 유형

기업의 활동에 있어서는 고정영업비용(감가상각비, 급료, 집세 등)이 발생하기 때문에 판매가격이 단위당 변동비보다 크다 하더라도 매출량이 어느 정도에까지 이르지 못하면 손실을 가져오게 된다.

손익분기점분석은 총영업비용과 매출액의 관계를 고려하는 이익계획으로서 매출액이 어느 정도 되어야 총영업비용을 보상하고도 영업이익이 발생하는가를 알아보는 것이다.

이것을 알아보기 위해서는 먼저 영업비용을 고정영업비용과 변동영업비용으로 나누어야 한다.

고정영업비용(fixed operating cost)은 기업의 매출량에 관계없이 일정하게 발생하는 비용이며, 변동영업비용(variable operating cost)은 매출량에 비례하여 발생하는 비용이다.

고정영업비용(FC)은 매출량에 관계없이 일정하며, 변동영업비용(VC)은 매출량에 정비례한다. 그러므로 제품 한 단위당 변동비를 V라고 하면, 총변동영업비용은 단위당 변동비에 매출량(Q)을 곱한다.

$$VC = V \times Q$$

총영업비용(TC)은 고정영업비용과 변동영업비용을 합한 것이다.

$$TC = FC + VC = FC + V \times Q$$

총수익(TR)은 단위당 제품가격(P)과 매출량(Q)을 곱한 것으로서 다음과 같다.

$$TR = P \times Q$$

매출량의 손익분기점

손익분기점은 총수익과 총영업비용이 같아지는 점으로서 이 때 영업이익은 0이 된다.

이 손익분기점은 매출량 또는 매출액의 두 가지로 나타낼 수 있다. 즉 몇 개를 생산해서 팔아야 영업이익이 0이 되는가, 또는 얼마의 매상을 올려야 영업이익이 0이 되는가 하는 두 가지다.

매출량의 손익분기점은 다음과 같다.

매출액과 영업비용이 같아질 때의 매출량을 나타내면 다음과 같다.

$$P \cdot Q^* = FC + V \cdot Q^*$$

P : 단위당 판매가격
Q^* : 손익분기점의 매출
FC : 고정영업비용
V : 단위당 변동비

위 식에서 Q^*를 구하면 이것이 매출량으로 계산된 손익분기점이다.

$$Q^* = \frac{FC}{P - V}$$

단위당 판매가격에서 단위당 변동비를 뺀 $(P - V)$를 단위당 공헌이익(contribution margin)이라 한다.

따라서 손익분기점 매출량은 고정영업비용을 단위당 공헌이익으로 나눈 값이다.

[예제 1] A회사는 상품하나를 800원에 사서 1,000원에 판매한다. 점포를 임차하는 데 한 달에 6만 원이 들며, 감가상각비로 2만 원이 들어서 고정비는 8만 원이 소요된다. 한 달에 몇 개를 팔아야 영업이익이 제로가 되는가?

$$Q^* = \frac{FC}{P - V} = \frac{\text{고정영업비용}}{\text{단위당공헌이익}} = \frac{80,000}{1,000 - 800} = 400\text{개}$$

단위당 공헌이익($P-V$)은 200원이고, 손익분기점은 400개이다.

400개를 팔면 매출액이 400,000원이고, 총영업비용 또한 400,000 (60,000 +20,000+800 X 400)원이므로 영업손실도 없고 영업이익도 없게 된다.

손익분기점은 400개이며, 이 이상을 팔 때에는 영업이익이 발생하고 이하를 팔 때에는 영업손실이 발생한다.

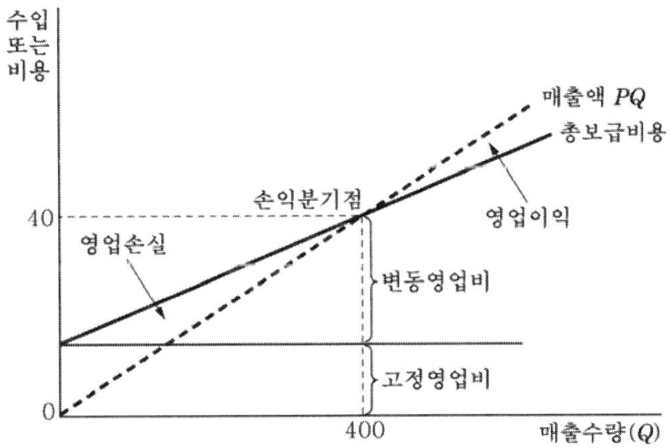

매출액의 손익분기점

매출량으로 계산하거나 매출액으로 계산하거나 손익분기점의 성격에 차이가 있는 것은 아니다. 단순히 같은 점을 매출량으로도 나타내고 매출액으로도 나타내는 것에 지나지 않는다. 손익분기점의 매출량이 결정되면 [매출량X판매가격]으로써 매출액을 구할 수 있다. 때로는 단위당 판매가격과 단위당 변동비가 주어지지 않아 손익분기점의 매출량(Q^*)를 구할 수 없는 경우가 있다.

손익분기점에서 매출액을 TR^*라 하고, 이 때의 변동영업비용을 VC^*라 하면, 다음과 같은 식이 성립된다.

$$TR^* = FC + VC^*$$

변동비가 매출액에서 차지하는 비율은 매출액의 크기와 관계없이 일정하므로 이 비율은 제품단위당 변동비가 판매가격에서 차지하는 비율과 같다.

다음 식이 성립한다.

$$\frac{\text{총변동비}}{\text{총매출액}}\left(=\frac{VC}{TR}\right)=\frac{\text{단위당 변동비}}{\text{단위당 판매가격}}\left(=\frac{V}{P}\right)$$

이를 이용하면 $VC^* = (\frac{V}{P}) \times TR^*$로 쓸 수 있으며,

$TR^* = FC + VC^*$에 대입하면

$$TR^* = FC + \left(\frac{V}{P}\right)TR^*$$
$$\therefore TR^* = \frac{FC}{1-\frac{V}{P}} = \frac{\text{고정영업비용}}{\text{공헌이익률}}$$

$[1-(V/P)]$를 공헌이익률(contribution margin ratio)이라 하며, 공헌이익$(P-V)$을 단위당 판매가격 P로 나눈 것이다. 판매액 중에서 변동영업비용을 보상하고 난 후에 기업의 이익에 공헌하게 되는 부분의 비율을 나타낸다.

[예제 2] 어느 기간 동안의 손익계산서에 다음과 같이 매출액과 비용이 나타나 있을 때, 이 회사의 손익분기점을 구하라.

매 출 액	500,000원
고정영업비용	300,000원
변동영업비용	400,000원
영 업 손 실	(200,000)원

회사는 20만 원의 영업손실을 기록하고 있는데, 이 회사가 영업손실을 면하기 위해서는 얼마의 매출액을 올려야 하는가?

매출액의 손익분기점을 구하는 식을 이용하면

$$TR^* = \frac{FC}{1-\frac{V}{P}} = \frac{FC}{1-\frac{VC}{TR}} = \frac{300,000}{1-\frac{400,000}{500,000}} = 1,500,000\text{원}$$

150만 원의 매출액을 달성해야 영업손실을 면할 수 있다. 이러한 경우의 손익계산서는 다음과 같다.

매 출 액	1,500,000원
고정영업비용	300,000원
변동영업비용	1,200,000원
영 업 손 실	0원

변동영업비용 1,200,000원은 1,500,000 X (400,000/500,000)으로 계산된 것이다.

2.2.1 목표이익과 손익분기점

손익분기점은 영업이익이 0일 때의 매출량 또는 매출액으로 나타내는데, 기업은 일정한 영업이익이 되는 목표이익에 도달할 수 있는 매출량이나 매출액에 관심이 있다. 투자액의 40%의 영업이익을 얻기 위해서는 어느 정도의 생산과 매출이 필요한지, 또는 5만 원의 영업이익을 얻기 위해서는 어느 정도의 매출을 올려야 하는가에 관심을 갖는다. 목표이익(target profit)을 고려한 손익분기점 공식은 다음과 같다.

$$① \text{ 목표영업이익의 매출량}(Q^{**}) = \frac{\text{고정비용} + \text{목표영업이익}}{\text{공헌이익}}$$

$$= \frac{FC + TP}{P - C}$$

$$② \text{ 목표영업이익의 매출액}(TR^{**}) = \frac{\text{고정비용} + \text{목표영업이익}}{\text{공헌이익률}}$$

$$= \frac{FC + TP}{1 - \frac{V}{P}}$$

위의 예 경우, 5만원의 영업이익이 발생하려면, 이 때 매출량은 325개여야 하며, 매출액은 325,000원이어야 한다.(가격=1,000원, 개당 변동비=600원)

$$Q^{**} = \frac{80,000 + 50,000}{1,000 - 600} = 325\text{개}$$

$$TR^{**} = \frac{80,000 + 50,000}{0.4} = 325,000\text{원}$$

이와 같이 기업이 새로운 제품을 생산하려 할 때 최저 영업이익을 달성하기 위한 매출액을 계산할 수 있다. 손익분기점분석은 단순히 영업이익이 0인 점만을 분석할 수 있는 것이 아니라 기업이 원하는 영업이익을 실현할 수 있는 매출수준도 분석할 수 있으므로, 미래의 이익계획에 유용하게 이용할 수 있다.

2.2.2 손익분기점분석의 가정과 문제점

손익분기점분석은 이용이 간편하지만 다음과 같은 한계점을 가지고 있다.

첫째, 손익분기점분석에서는 비용을 고정영업비용과 변동영업비용으로 구분해야 하는데, 어떤 비용은 부분적으로 고정적이고, 부분적으로 변동적이기 때문에 이것을 고정비 또는 변동비라고 엄격히 구분하기 곤란한 경우가 많다.

기본금을 받는 판매원의 보수가 그 예인데, 이러한 비용은 준변동비(semivariable cost)라 할 수 있다. 또한 고정비가 매출량에 관계없이 일정하다는 가정은 현실적으로 볼 때 합당하지 않다. 기업의 기존시설능력에는 한계가 있는 것이므로 일정수준 이상을 생산하려면 새로운 투자가 있어야 한다. 따라서 손익분기점분석이 적용될 수 있는 매출량 또는 매출액에는 적정범위가 있다.

둘째, 손익분기점분석의 중요한 가정은 매출량이나 매출액에 관계없이 단위당 판매가격이 일정하며, 단위당 변동비도 일정하다는 것이다.

그러나 실제 기업의 매출활동을 보면 시간의 경과에 따라 생산원가나 판매가격이 달라지게 된다. 판매가격은 매출액이 늘어날수록 떨어지는 경향이 있다. 따라서 매출량은 매출가격에 영향을 주며, 매출량의 증가에 따라 단위당 변동비도 변하게 된다. 어느 정도의 매출량까지는 변동비가 줄다가 일정수준을 넘어가면 단위당 변동비가 높아지게 된다. 이러한 문제는 판매가격과 매출량, 그리고 비용과 매출량의 관계를 곡선식으로 나타내는 곡선 손익분기점분석(curvelinear BEP analysis) 또는 비선형손익분기점분석(nonlinear BEP analysis)을 사용한다.

셋째, 한 기업에서 여러 가지 상품을 생산하는 경우에 문제점이 발생한다 여러 가지 품목을 생산해 판매하는 경우에 각 상품마다 비용자료를 산출하기 어렵고 공동으로 발생하는 비용을 각 제품에 배분하기가 쉽지 않다.

이 경우 별도로 손익분기점을 찾아야 하는데, 여러 제품생산에 공동으로 쓰이는 모든 비용을 어떻게 각 상품별로 배분하느냐 하는 점이 문제가 된다. 그러므로 손익분기점분석은 원칙적으로 한 종류의 제품을 생산, 판매하는 기업의 이익계획에 적합하다.

넷째, 손익분기점분석을 하기 위한 비용 · 매출량 · 이익의 관계는 과거의 자료를 이용하여 측정한다. 그러나 시간이 경과함에 따라 생산원가나 판매가격 등이 변하므로 비용 · 매출량 · 이익의 관계도 달라진다.

* 비용을 고정비와 변동비로 분류하기가 곤란할 때 고정비와 변동비로 분류하는 방법으로 회귀분석법이 있다.

총비용 = 고정비 + 총변동비
　　　= 고정비 + 변동비율 * 매출액

2. 3 영업레버리지도

영업레버리지는 기업이 영업비 중에서 고정영업비를 부담하는 정도를 의미한다. 고정영업비용의 부담 정도를 매출액변화에 대한 영업이익변화의 관계로 분석하는 것이다.

이러한 매출액변화와 영업이익변화와의 관계는 영업레버리지도를 이용해 측정된다. 영업레버리지가 높은 경우 매출량이 변할 때 영업이익이 매출량이 변하는 비율보다 높은 비율로 변하는데 이를 영업레버리지 효과라 한다.

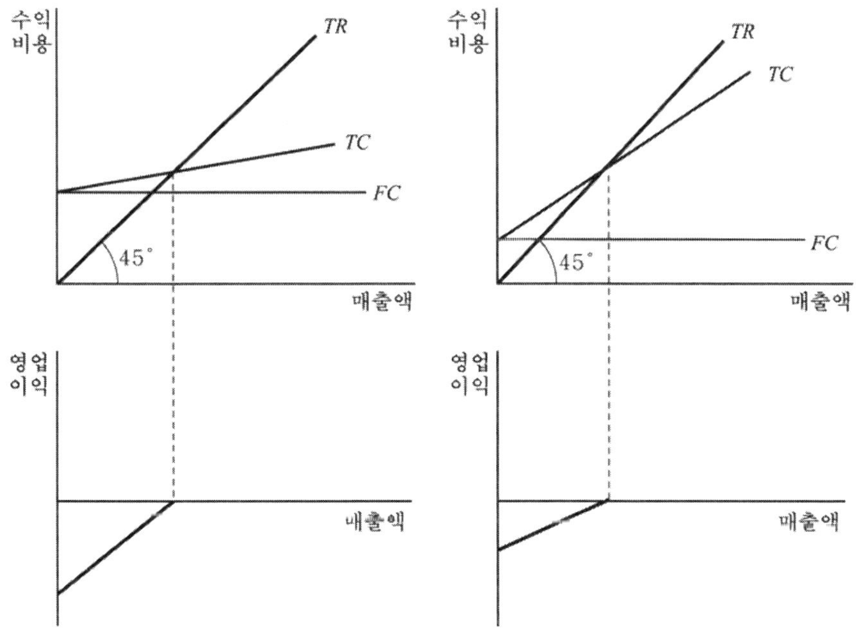

(a) 대기업 (b) 중소기업

영업레버리지도(degree of operating leverage: DOL)는 매출액의 변화율에 대한 영업이익의 변화율의 비율을 말하는 것으로, 판매가격이 일정한 경우 매출액의 변화율은 매출량의 변화율과 같으므로 다음 식과 같이 나타낸다.

$$DOL = \frac{\text{영업이익의 변화율}(\Delta EBIT / EBIT)}{\text{매출량의 변화율}(\Delta Q / Q)}$$

$\Delta EBIT$: 영업이익의 변화분
$EBIT$: 영업이익
ΔQ : 매출량의 변화분
Q : 매출량

식에서 영업이익($EBIT$)은 매출액에서 변동영업비용과 고정영업비용을 뺀 것이므로 다음과 같이 나타낼 수 있다.

$$EBIT = P \cdot Q - V \cdot Q - FC = Q(P - V) - FC$$

식에서 $Q(P-V)$는 총 공헌이익을 나타내므로 영업이익은 총 공헌이익에서 고정영업비용을 뺀 값이다. 매출량이 현재 Q에서 $(Q+\Delta Q)$로 ΔQ개만큼 변동할 때 영업이익의 변화분은 ΔQ에 단위당 공헌이익인 $(P-V)$를 곱한 값이다. 왜냐하면 매출량이 변화하더라도 고정영업비용은 변화하지 않고 변동비만 매출량의 변화에 비례해서 발생하기 때문이다.

$$\Delta EBIT = \Delta Q(P - V)$$

따라서 영업이익과 영업이익의 변화분을 대입하면 식을 얻는다.

$$\text{영업레버리지도} = \frac{\text{영업이익의 변화율}}{\text{매출량의 변화율}} = \frac{\text{공헌이익}}{\text{영업이익}}$$

$$DOL = \frac{\Delta EBIT / EBIT}{\Delta Q / Q} = \frac{Q(P - V)}{EBIT}$$

왜냐하면 $\Delta EBIT/EBIT = \Delta Q(P-V)/[Q(P-V)-FC]$

영업레버리지도는 매출액에서 변동영업비용을 차감한 공헌이익을 영업이익으로 나눈 값이다.

식에서 보는 것과 같이 영업레버리지도는 ① 판매가격(P), ② 제품단위당 변동비(V), ③ 고정영업비용(FC), ④ 매출량(Q)에 따라 달라진다.

영업레버리지가 서로 다른 A기업(중소기업), B기업(대기업)을 예를 들어 영업레버리지 효과를 알아보자

A기업

단가:100원

고정비:10,000원

단위당 변동비:50원

매출량	매출액	비용	이익
100	10,000	15,000	-5,000
200	20,000	20,000	0
300	30,000	25,000	5,000
400	40,000	30,000	10,000
500	50,000	35,000	15,000
600	60,000	40,000	20,000

B기업

단가:100원

고정비:28,000원

단위당 변동비:30원

매출량	매출액	비용	이익
100	10,000	31,000	-21,000
200	20,000	34,000	-14,000
300	30,000	37,000	-7,000
400	40,000	40,000	0
500	50,000	43,000	7,000
600	60,000	46,000	14,000

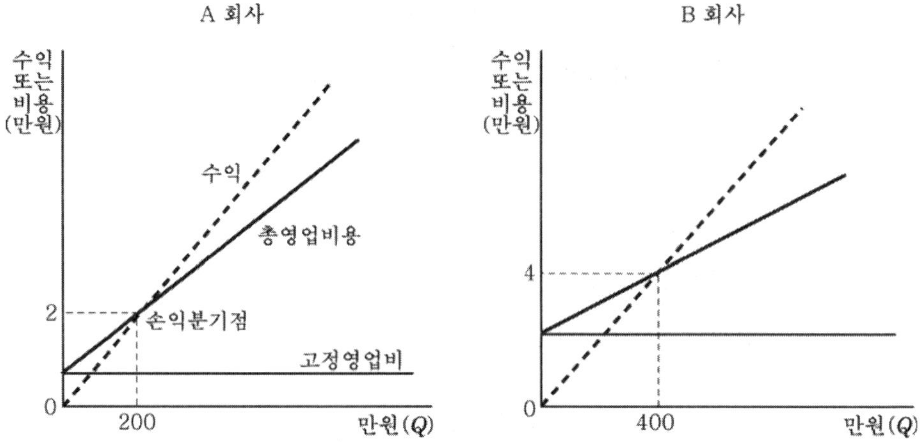

단가=100원
고정비=10,000원
변동비=50원

단가=100원
고정비=28,000원
변동비=30원

A기업(중소기업), B기업(대기업) 두 기업은 동일한 제품을 생산하는데 단위당 가격은 100원이고 A기업(중소기업)의 고정비는 10,000원이고 단위당 변동비는 50원이다. B기업(대기업)의 고정비는 28,000원이고 단위당 변동비는 30원이다.

A기업(중소기업)은 단위당 변동비는 높으나 고정비가 낮고 손익분기점이 낮다.

매출수량이 500개일 때 두 회사의 영업레버리지도를 계산하면 다음과 같다.

A기업(중소기업)영업레버리지도(degree of operating leverage: DOL)

$$= \frac{500(100-50)}{500(100-50)-10,000} = \frac{500(100-50)}{15,000} = 1.6$$

B기업(대기업)영업레버리지도(degree of operating leverage: DOL)

$$= \frac{500(100-30)}{500(100-30)-28,000} = \frac{500(100-30)}{7,000} = 5.0$$

A기업(중소기업)영업레버리지도가 1.6이라는 것은 매출액이 500개일 때 매출액이 변하면 영업이익의 변화율은 1.6배가 된다는 것이다. 즉 매출액이 10% 변하면 영업이익은 16%가 된다는 것이다. B기업(대기업)영업레버리지도 5.0인데 매출액의 변화에 따라 B기업(대기업)의 영업이익의 변화가 큰 반응을 보인다.

영업레버리지도와 관련하여 매출액이 손익분기점을 초과하는 경우에 매출액 수준과 영업레버리지도는 역의 관계를 가진다. 매출액이 낮은 수준에서는 영업레버리지도는 증가하고, 매출액이 높은 수준에서는 영업레버리지도는 감소한다.

B기업의 경우 손익분기점은 $\frac{28,000}{100-30} = 400$

매출수량이 450일 때의 영업레버리지도는

$$\frac{450(100-30)}{450(100-30)-28,000} = 9$$

이와 같이 영업레버리지도가 높다는 것은 매출액에 비하여 영업이익이 빠르게 증가하거나 감소한다는 것을 나타낼 뿐 영업이익이 많거나 경영성과가 양호하다는 의미는 아니다. 따라서 예상매출액에 따라서 자본집약적인 생산 형태를 할 것인지 노동집약적인 형태를 할 것인지를 결정해야 한다.

제 3 절 재무레버리지분석

3. 1 재무레버리지

재무레버리지(financial leverage)란 타인자본을 사용함으로써 고정재무비용(이자)을 부담하게 되는데 영업이익이 변할 때 순이익의 변화율이 확대된 비율로 변하게 된다. 재무레버리지분석은 손익계산서에서 영업이익으로부터 세후순이익이 결정되는 과정을 의미한다.

타인자본을 사용하게 되면 영업이익의 증가나 감소에 관계없이 일정금액의 고정재무비용이 지불되고 그 나머지가 주주에게 돌아간다. 이와 같이 타인자본 사용에 따라 발생하는 고정적인 재무비용이 지렛대(lever) 역할을 하여 더 커지게 되는데, 이를 재무레버리지효과(financial leverage effect)라 한다.

재무레버리지의 효과를 예를 들어 설명해 보자.

어느 기업의 영업이익이 1억 원이며, 현재 매년 지불해야 하는 이자비용이 4천만 원이다. 법인세율을 50%라고 가정하여 보면, 세후순이익은 3천만 원((10,000-4,000)×(1-0.5))이 된다. 이와 같은 상황에서 영업이익이 10% 증가하는 경우와 10% 감소하는 경우에 이자비용이 세후순이익에 미치는 영향은 다음과 같다.

영업이익이 10% 증가해 1억 1,000만 원이 될 때, 소유주에게 돌아가는 세후순이익인 16.6% 증가한 3.5천만 원이 되며, 영업이익이 10% 감소해 9천만 원이 되면 세후순이익은 16.6% 감소한 2.5천만 원이 된다.

이와 같이 영업이익의 변화율보다 세후순이익의 변화율이 큰 것은 타인자본을 사용한 결과 발생하는 고정적인 재무비용, 즉 이자비용 때문이다. 타인자본의존도가 크면 클수록 재무레버리지 효과는 더욱 커진다.

〈표 7-4〉 재무레버리지와 세후순이익의 변화

항목	10% 감소	현재	10% 증가
영업이익	9,000	10,000	11,000
이자비용	4,000	4,000	4,000
세전이익	5,000	6,000	7,000
법인세	2,500	3,000	3,500
세후순이익	2,500(16.6% 감소)	3,000	3,500(16.6% 증가)

3. 2 재무레버리지도

이자비용의 존재로 영업이익의 변화보다 세후순이익의 변화가 확대되는 재무레버리지효과의 크기는 재무레버리지도로 측정할 수 있다.

재무레버리지도(degree of financial leverage: DFL)는 영업이익 변화율과 세후순이익변화율의 비율 또는 영업이익변화율과 주당이익변화율의 비율로써 나타낼 수 있다. 즉, 주당이익은 세후순이익을 발행주식수로 나눈 것으로 세후순이익의 변화율과 주당이익의 변화율은 같게 된다.

$$DFL = \frac{\text{주당이익의 변화율}(\Delta EPS/EPS)}{\text{영업이익의 변화율}(\Delta EBIT/EBIT)}$$

EPS : 주당이익
ΔEPS : 주당이익의 변화분

식이 재무레버리지도의 정의이다. I를 이자비용이라 하고 n을 발행주식수라 하면, 주당이익의 변화율은 다음과 같다.

$$\frac{\Delta EPS}{EPS} = \frac{\Delta EBIT(1-T)}{n} / \frac{(EBIT-I)(1-T)}{n} = \frac{\Delta EBIT}{EBIT-I}$$

즉, 주당이익의 변화율은 영업이익의 변화분을 세전이익으로 나눈 값과 같다.

$$\text{재무레버리지도} = \frac{\text{주당이익의 변화율}}{\text{영업이익의 변화율}} = \frac{\text{영업이익}}{\text{세전이익}}$$

$$DFL = \frac{\Delta EBIT/(EBIT-I)}{\Delta EBIT/EBIT} = \frac{EBIT}{EBIT-I}$$

식을 이용해 영업이익이 1억일 때 기업의 재무레버리지도를 계산하면 DFL = 10,000/(10,000-4,000) =1.66이다.

이는 영업이익의 변화율에 비해 주당이익(혹은 세후순이익)의 변화율은 1.66배로 확대된다는 것을 의미한다. 따라서 이 기업의 영업이익이 40% 변화하면 주당이익은 66%(40%X1.66) 변동한다.

이자비용의 차이가 재무레버리지도에 미치는 영향을 좀더 자세히 살펴보기 위해 다음의 예를 보자. 현재 자기자본(5억, 법인세 =50%)만으로 구성된 A기업이 5억 원의 자본을 어떻게 조달할 것인가를 고려하고 있다 하자.

제1안은 보통주를 주당 10,000원에 5만 주 발행해 조달하는 것

이고,

제2안은 이자율 10%에 5억 원을 차입하는 방법이다. A기업의 영업이익이 1억 원이라 할 때 각 방법으로 자본을 조달했을 때 영업이익의 변화에 따라 주당이익의 변화가 어떻게 확대되는지를 분석해 보자. 각 방법하에서의 재무레버리지도는 다음과 같다.

$$제1안 : DFL = \frac{10,000}{10,000 - 0} = 1$$

$$제2안 : DFL = \frac{10,000}{10,000 - 5,000} = 2$$

제1안의 재무레버리지도는 1이 나오고, 제2안은 2가 나왔다. 이것은 영업이익이 변화할 때 제1안의 주당이익은 영업이익의 변화율과 동일하게 변하며, 제2안의 주당이익은 영업이익변화율의 두 배로 변하게 된다는 것이다.

예를 들어, 영업이익이 1억 원에서 1억 1천만 원으로 10% 증가한다면, 제1안의 주당이익은 400원에서 550원으로 10% 증가하며, 제2안의 주당이익은 500원에서 600원으로 20%가 증가한다. 따라서 미래의 경제상황이 좋아서 영업이익이 크게 증가할 것으로 예상할 때는 기업은 부채를 많이 이용하는 방법으로 자본을 조달해 주당이익을 크게 증가시킬 수 있다. 반대로 미래의 영업이익이 감소할 것으로 예상될 때는 자기자본으로 자본을 조달해 주당이익의 감소폭을 최소화할 수 있다.

이제 영업이익이 1억 5천만 원일 때의 재무레버리지도를 계산해 보자.

$$제1안: DFL = \frac{15,000}{15,000-0} = 1$$

$$제2안: DFL = \frac{15,000}{15,000-5,000} = 1.5$$

제1안의 재무레버리지도는 역시 1이 되지만, 제2안은 1.5로 감소했다. 타인자본을 사용하지 않는 제1안에서는 재무레버리지효과가 발생하지 않으므로 영업이익의 변화율과 주당이익의 변화율은 항상 같게 되며, 따라서 재무레버리지도는 1이 된다. 반면에 타인자본을 사용하는 제2안에서는 재무레버리지효과가 발생해 재무레버리지도는 1보다 크게 되는데, 이 재무레버리지도는 영업이익이 커질수록 낮아진다.

어느 기업의 재무레버리지도가 크다는 것은 그 기업의 타인자본 의존도가 높아서 영업이익이 조금만 변하더라도 주주에게 돌아가는 주당이익이 크게 변하게 된다는 의미이다. 따라서 주주들은 재무레버리지도가 높은 기업에 대해 위험을 많이 느끼고 높은 수익률을 요구한다.

[예제] 5,000만원 조달방법으로 제1안은 전부 자기자본으로 조달하는 경우와 제2안은 4,000만원은 부채로 1,000만원은 자기자본으로 조달하는 경우다. 이자율은 10%이고 법인세는 50%이다.

제1안(주당 5,000원, 1만주 발행)

영업이익	-1,000	500	2,000	5,000
이자	0	0	0	0
세금전이익	-1,000	500	2,000	5,000
세금	0	250	1,000	2,500
납세후순이익	-1,000	250	1,000	2,500
순이익변화율	500%	0%	400%	1,000%

제2안(주당 5,000원, 2,000주 발행)

영업이익	-1,000	500	2,000	5,000
이자	400	400	400	400
세금전이익	-1,400	100	1,600	4,600
세금	0	50	800	2,300
납세후순이익	-1,400	50	800	2,300
순이익변화율	2,900%	0%	1,600%	4,600%

자기자본과 부채의 구성비에 관계없이 주당이익이 같아지는 자본조달분기점(financing break even point)은 다음과 같다.

$$(\text{영업이익}-I_1)(1-t)/S_1=(\text{영업이익}-I_2)(1-t)/S_2$$

I_1, I_2 : 자본조달 1,2안 이자비용
S_1, S_2 : 자본조달 1,2안 발행주식 수

(영업이익-0(I_1))(1-0.5(t))/1만주(S_1) = (영업이익-400(I_2))(1-0.5(t))/2천주(S_2)

영업이익=2,000만 원

영업이익=500만 원

영업이익이 500만원일 때 재무레버리지도를 계산하면

제1안:500/(500-0) =1.0

제2안:500/(500-400)=5.0이다.

제 4 절 결합레버리지분석

영업레버리지에 있어서는 고정영업비용, 재무레버리지에 있어서는 고정이자비용 때문에 발생한다. 손익계산서에서 영업레버리지분석은 매출액과 영업이익과의 관계, 재무레버리지분석은 영업이익과 순이익과의 관계를 설명했다.

매출액과 순이익과의 관계를 요약하면, 매출액의 변동이 영업레버리지 효과에 의하여 영업이익의 변동을 확대시키고 영업이익의 변동이 재무레버리지 효과에 의하여 주당이익을 확대시키는 것이다.

그러므로 매출액→영업이익→순이익의 관계를 동시에 고려하면, 영업레버리지의 효과와 재무레버리지의 효과를 결합한 것이므로 이를 결합레버리지분석(combined leverage analysis)이라 한다. 결합레버리지분석의 초점은 매출액의 변화에 따른 순이익(혹은 주당이익)의 변화를 분석하는 것이다. 결합레버리지의 효과도 결합레버리지도(degree of combined leverage: DCL)로 나타낼 수 있다.

결합레버리지도는 영업레버리지도와 재무레버리지도의 합이 아니라, 두 레버리지도의 곱으로 나타난다. 영업레버리지효과로 인해 매출액의 변화가 영업레버리지도만큼 확대되어 영업이익으로 나타나고, 재무레버리지효과로 인해 그 영업이익의 변화가 다시 재무레버리지도만큼 확대되어 순이익으로 나타나기 때문이다.

$$결합레버리지도 = \frac{주당이익의 변화율}{매출액의 변화율}$$

$$= 영업레버리지도 \times 재무레버리지도 = \frac{공헌이익}{세전이익}$$

$$DCL = \frac{\Delta EPS/EPS}{\Delta Q/Q} = DOL \times DFL = \frac{Q(P-V)}{EBIT-I}$$

식에서 보면 결합레버리지도는 $Q(P-V)$, 즉 총 공헌이익을 세전이익으로 나눈 것이다.

예를 들어 보자. 현재 매출액이 4억 원, 변동비는 매출액의 50%이다. 고정비는 1억 원이고, 4천만 원의 이자를 지급하고 있으며, 순이익은 3,600만 원이라고 하자. 이에 대한 자세한 내용은 〈표 7-5〉에 정리했다. 이 A기업의 매출액이 4억 8천만 원으로 증가할 때 순이익에 미치는 영향은 어떠한가?

〈표 7-5〉 A기업의 결합레버리지효과 (단위: 만 원)

매출액	40,000	48,000
(-)변동영업비용(50%)	20,000	24,000
(-)고정영업비용	10,000	10,000
영업이익	10,000	14,000
(-)이자비용	4,000	4,000
세전이익	6,000	10,000
(-)법인세(40%)	2,400	4,000
세후순이익	3,600	6,000

예에서 매출액이 4억 원에서 4억 8천만 원으로 20% 증가함에 따라 순이익은 3,600만 원에서 6천만 원으로 66%의 증가를 보이고 있다. 이 결합레버리지의 효과를 영업레버리지도와 재무레버리지도로 구분해 보자.

$$영업레버리지도 = \frac{공헌이익}{영업이익} = \frac{40,000-20,000}{40,000-20,000-10,000} = 2$$

$$재무레버리지도 = \frac{영업이익}{세전이익} = \frac{10,000}{10,000-4,000} = \frac{5}{3}$$

결합레버리지도는 2X(5/3)=3.3배가 된다. 이는 매출액이 1% 증가함에 따라 순이익은 3.3% 증가한다는 것으로, 이를 식에 대입하면 간단히 계산된다.

$$DCL = \frac{Q(P-V)}{EBIT-I} = \frac{Q \cdot P - Q \cdot V}{EBIT-I} = \frac{40,000-20,000}{10,000-4,000}$$

$$= \frac{20,000}{6,000} = 3.3$$

8
chapter

질적 경영분석

특정 기업의 재무상태와 경영성과는 재무제표에 나타난 계량적 분석을 통하여 파악할 수 있는 부분과 계량적 분석으로도 파악할 수 없는 부분이 있다.

경영분석에 이용되는 회계자료 같은 계량화된 자료들은 재무제표에서 얻을 수 있지만, 기업이 속해 있는 산업의 경쟁적 구조와 같은 산업요인이나, 경영자의 능력 등은 계량화가 어렵다. 따라서 계량적 분석에서 얻은 정보만을 가지고 기업의 재무상태와 경영성과를 평가하는 것은 문제가 될 수도 있다.

기업의 재무상태와 경영성과에 영향을 미칠 수 있는 질적 요인으로 경제적 요인, 산업적 요인, 기업적 요인이 있다.

제 1 절 경제적 요인

경제활동 수준을 나타내는 경제성장률, 경제정책, 물가, 통화량,

금리 수준 등과 같은 거시경제요인은 미래의 경제활동 수준에 영향을 주고 기업의 미래 현금흐름을 결정하기 때문에 중요한 요인이다. 일반적으로 호경기일 때는 경제활동이 활발하고 생산량, 매출액, 고용, 개인소득 등이 증가하고, 불경기일 때는 경제활동이 위축되면 생산량이 줄어들고 실업이 증가하며 기업이익이 감소한다.

1.1 통화량

시중에 유통되는 돈의 총량을 통화량이라 한다. 통화량의 증대는 이자율을 하락시키고 이자율의 하락은 기업의 금융비용을 작게 해 기업이윤을 높여 주식의 가격이 상승한다. 그러나 돈이 시중에 필요 이상으로 많이 풀려 있으면 물가가 오르고, 너무 적게 풀려 있으면 투자, 소비 등이 장애를 받는다.

시중에 유통되는 돈의 총량을 조절하려면 유통되는 돈의 총량을 파악해야 하는데, 그 척도가 바로 통화지표이다. 돈이란 일반적으로 생각할 수 있는 현금뿐만 아니라 은행예금 등도 포함되어 있다.

가장 좁은 의미의 통화지표는 화폐의 지급결제수단으로서의 기능을 중시하여 민간이 보유하고 있는 현금과 당좌예금, 보통예금 등 은행 요구불예금의 합계로 정의된다. 넓은 의미의 통화지표로서 통화(M1)에 포함되는 현금과 요구불예금뿐만 아니라 정기예금, 정기적금 등 은행의 저축성 예금과 거주자 외화 예금을 포함한다. 가장 넓은 의미의 통화지표는 종합금융회사, 투자신탁회사, 상호신용금고, 새마을금고, 신용협동조합, 생명보험회사 등 비은행 금융기관의 각종 예수금과 은행 및 비은행 금융기관이 발행하는 금융채, 양도성예금증서(CD), 표지어음 및 상업어음 매출 그리고 환매 조건부채권매도(RP) 등을 포함시킨 가장 넓은 의미의 통화지표이다.

일반적으로 통화량이 증가할수록 이자율이 하락하여 설비투자가 확대되고 기업실적이 향상되어 기업가치가 상승한다고 한다. 또한 통화량이 증가하면 유동성의 증가와 실질이자율의 하락으로 주가가 상승한다고 한다. 그러나 통화량이 증가하면 물가를 상승시키는 결과를 가져와서 이자율 상승의 원인이 되기 때문에 결국에는 기업가치가 하락한다는 주장도 있다. 통화량과 기업가치의 관계는 경제상황에 따라 달라진다고 보아야 한다.

지불준비율이나 재할인율을 높인다는 것은 통화량의 긴축을 의미하고, 공개시장의 조작으로 통화량을 조절한다.

지불준비율은 은행이 예금액의 일정비율을 보유하거나 중앙은행에 예치하는데, 지불준비율을 인상하면 지급준비금이 많게 되기 때문에 통화량이 감소한다.

재할인율은 한국은행이 일반은행에 빌려줄 때 적용되는 이자율을 말한다. 한국은행이 재할인율을 인상하면 일반은행의 이자부담이 커지므로 차입을 억제해 시중의 자금이 줄어들게 된다.

공개시장조작은 금융기관이 가지고 있는 채권이나 어음 등 유가증권을 매입하거나 매각함으로써 통화량을 증가시키기도 하고 감소시키기도 한다.

1.2 금리

금리란 돈을 빌린 대가로 지불하는 비용이다. 금융시장에서 돈을 빌려 줄 사람이 상대적으로 많으면 금리가 떨어지고, 반대로 적으면 올라간다. 통화량이 증가하면 금리는 하락하고 통화량이 감소하면 금리는 상승한다.

금리 수준의 변동이 기업경영에 미치는 영향은 매우 크다. 금리 수준이 인상될 경우 부채를 많이 쓰는 기업의 금융비용의 부담이 늘어나 기업의 수지가 악화됨으로써 주가가 하락한다. 반대로 금리 수준이 하락할 경우에는 그만큼 금융비용의 부담을 덜게 되어 투자 기회가 많아지고 경기가 활발해지므로 주가는 상승한다. 또한 금리 변동은 투자자의 유가증권에 대한 요구수익률을 변동시킴으로써 주가를 변동시킨다. 따라서 일반적으로 금리 수준의 상승이 예상되면 미래현금흐름의 할인율도 상승함으로 주가는 하락하고, 금리 수준의 하락이 예상되면 주가는 상승하게 된다. 그러나 물가상승률이 높을 때에는 실질금리(명목금리-물가상승률)가 하락하여 금융비용의 부담을 덜어준다.

1.3 물가

물가란 거래되는 재화나 용역의 가격을 종합적으로 평균한 가격 수준이다. 물가지수는 이러한 재화나 용역의 가격을 기준 시점을 100으로 지수화한 것이다.

개별 상품의 가격이 그 상품에 대한 수요와 공급의 관계에 의해서 결정되듯이 개별 상품 가격을 종합한 물가도 총수요와 총공급의 관계에 의해 결정되고 변동된다. 물가의 변동은 공급 측면의 생산이나 수요 측면의 소비, 투자 등에 영향을 미친다.

물가가 지속적으로 오르는 현상을 인플레이션이라고 하는데 인플레이션은 소득 분배 및 자원 분배를 왜곡시키고 저축과 투자를 위축시키며 기업 경쟁력을 약화시킨다.

첫째, 물가가 오르면 일정한 돈으로 살 수 있는 물건의 양이 줄어들기 때문에 실질소득이 감소한다. 특히, 봉급이나 연금생활자 등 수입이 고정되어 있는 사람들은 살림이 어려워지는 반면 실물자산을 가진 사람은 이익을 본다. 또한 금융 저축이 감소한다. 저축이 줄어들면 금융기관을 대출 재원을 확보하기 위해 금리를 인상하며, 금리 인상은 기업 투자를 위축시킨다.

둘째, 인플레이션은 소득 및 부의 분배에 악영향을 미친다. 물가가 오르면 그만큼 금융자산의 가치가 떨어지므로 예금·채권 등의 금융자산을 가지고 있는 사람은 손해를 보는 반면, 채무자는 갚아야 할 부담이 줄기 때문에 이익을 본다.

셋째, 인플레이션은 국제수지에도 악영향을 준다. 즉, 국내 물가가 오르면 해외시장에서 우리나라 상품 가격이 외국 상품 가격보다 비싸지기 때문에 가격 경쟁력이 떨어져 수출이 어려워지는 반면, 국내시장에서는 수입 상품 가격이 상대적으로 저렴해지므로 수입은 증가하게 되어 경상수지가 나빠진다.

물가가 주가에 미치는 영향에 대해서는 긍정적인 견해와 부정적인 견해가 있다. 긍정적인 영향은 물가가 상승하면 기업이 보유한 자산의 가치가 상승해 주가가 상승한다는 것이고, 부정적인 견해는 제품의 소비자가격을 상승시켜 매출액이 줄어들어 기업의 수익이 감소되어 주가가 하락한다는 것이다.

1.4 환율

환율은 우리나라 통화와 외국통화간의 교환비율이다. 이와 같은 환율은 기본적으로 외환시장에서 외환의 수요와 공급에 의해 결정되지만 물가상승률, 금리, 국제수지 등 복합적인 요인에 의해 영향을 받는다.

환율이 떨어져 원화가치가 절상(appreciation)되면 수출업자들은 채산성을 유지하기 위해 달러화로 표시한 수출 상품의 가격을 올려야 하므로 외국으로부터의 수출 주문량이 줄어든다. 수출이 줄어들면 실업자가 늘어난다. 반면에 상품을 수입할 때에는 환율 하락 분만큼 수입 상품 가격이 싸지므로 수입품의 소비가 늘게 되어 수입이 증가한다. 이에 따라 경상수지는 악화될 것이다.

그러나 원화절상이 긍정적인 효과도 가져다준다. 환율이 내려가면 수입 상품의 가격이 하락하고, 원료를 수입하여 상품을 생산하는 기업의 경우에는 제조원가도 하락하므로 결과적으로 국내 물가가 내려가는 긍정적인 경우도 있다. 특히 우리나라는 제조업 부문에서 원유, 철강재, 비철금속 등 외국 원자재의 수입 비율이 높기 때문에 환율이 물가에 미치는 영향은 크다. 또한 많은 자본을 외국으로부터 빌려 왔는데 환율이 내리면 외국 빚을 지고 있는 기업에게는 그만큼 원금상환 부담이 줄어들고 이것은 결국 원가 절감으로 이어져 싼 가격으로 물건을 공급할 수 있게 된다.

이와 같이 원화가치가 상승하면 일반적으로 수출은 줄어들고 수입은 늘어나 경상수지를 악화시키는 면도 있지만 한편으로는 수입물가 역시 하락하기 때문에 국내 물가를 안정시킬 수 있고 기업의 외채 상환 부담이 경감된다.

반면에 환율이 올라 원화가치가 하락(depreciation)하면 경상수지 개선을 기대할 수 있다. 우리나라 수출은 잘 되고 수입 상품 가격이 상대적으로 비싸져서 수입이 줄어드는 것이 일반적이다. 그러나 원화가치의 하락은 수출이 부진하여 국제수지가 악화된 후에 나타나는 것이 일반적이므로 기업의 주가상승이 어려운 경우도 있다.

1.4.1 구매력평가가설

두 국가의 통화간의 환율은 두 국가의 물가수준의 비율과 동일하다는 것이 구매력평가가설이다. 예를 들어 A국의 인플레이션이 40%이고 B국의 인플레이션이 10%이라면 A국 돈의 구매력은 B국보다 상대적으로 30% 하락하였을 것이다.

1.4.2 피셔효과

한 국가의 명목이자율은 실질이자율과 기대인플레이션의 합으로 나타내는데 이를 피셔효과라 한다. 양 국가 간의 명목이자율의 차이는 양국간의 기대 인플레이션의 차이로 나타낸다.

1+명목이자율=(1+실질이자율)(1+인플레이션율)

명목이자율=실질이자율+인플레이션율+실질이자율×인플레이션율

명목이자율=실질이자율+인플레이션율

두 나라간 실질이자율이 차이가 없다면

두 나라간 명목이자율 차이=두 나라간 인플레이션율 차이에 의해 결정된다.

1.4.3 국제피셔효과

구매력평가설과 피셔효과에서 국가간의 기대 인플레이션 차이만큼 명목이자율의 차이가 나고, 명목이자율의 차이만큼 환율의 기대변화율이 결정된다는 것이 국제피셔효과이다.

$$\text{A국의 이자율-B국의 이자율} = \frac{S_t - S_0}{S_0}$$

S_t =미래의 현물환율

S_0 =B국 회폐 한 단위를 구입하는데 필요한 A국의 회폐단위수로 표시한 현물환율

1.5 국제수지

국제수지는 일정 기간 동안 국경을 넘어 일어난 상품, 서비스, 자본 등의 모든 경제적 거래로 발생한 수입과 지급의 차이를 말한다. 국제수지표란 일정 기간 동안 거주자와 비거주자 사이에 발생한 모든 경제적 거래행위에 대한 기록이다.

국제수지표에서는 차변에 대외구매력의 사용을 나타내는 수입과 부채감소를 기록하고, 대변에는 대외구매력의 원천인 수출과 부채증가 기록된다.

경상거래는 외국과의 상품과 서비스를 사고파는 거래이고, 자본거래는 외국과 돈을 빌리거나 빌려 주는 거래이다.

경상수지는 상품의 수출입 차를 나타내는 상품수지, 외국과 이루어진 서비스 거래 결과를 기록한 서비스수지, 근로자가 외국에 나가 일해서 벌어들인 돈과 해외투자 결과 발생한 배당 및 이자를 기록하는 소득수지가 있다.

경상거래는 국민소득, 고용에 미치는 영향이 큰데, 수출이 수입보다 많아져 경상수지 흑자가 되면 국민소득이 증대되고 고용이 확대된다. 또한 벌어들인 외화는 원화를 받고 금융기관에 매각할 수 있으므로, 통화의 공급을 늘리는 요인이 되기도 한다. 반면 수입이 수출보다 많아서 경상수지 적자가 되면 소득이 감소할 뿐만 아니라 수입품을 구입하기 위한 돈을 외국으로부터 차입하게 되므로 그만큼 외채가 증가하게 된다.

제 2 절 산업분석

기업의 활동과 성과는 국내의 거시경제 요인들(경제성장률, 물가상승률, 실업률, 금리 등) 및 해외의 요인들(원자재가격, 외국의 경제성장률 등)의 영향을 받지만, 기업이 속한 산업의 구조적 특성에 큰 영향을 받게 된다. 경기변동, 경제구조의 변화, 기술혁신 등이 영향을 미친다. 성장산업이 있는가 하면 사양 산업이 있고, 경쟁이 없는 산업이 있는가 하면, 경쟁이 치열한 기업도 있다.

2. 1 산업구조 분석

산업구분석이란 특정산업의 구조적 특성을 분석하는 것이다. 경쟁력이 높고 유망한 업종을 평가하는 산업간 분석과, 특정산업 내에서 어떤 경쟁업체가 앞으로 유망한 기업인지 평가하는 산업 내 분석이 있다.

산업분석 시 검토해야 할 요인들로는 산업의 경쟁상황, 수요구조, 생산구조, 판매구조, 재무구조, 정부의 산업에 대한 정책 등이 있다.

2.1.1 산업의 경생

산업 내의 경쟁은 기업실적을 평가하는 중요한 요인으로 그 산업의 수익성과 위험에 영향을 미친다. 특히 산업의 경쟁 정도(intensity of competition)는 경쟁업체 수, 시장점유율, 제품차별화, 새롭게 진출한 기업의 위협, 대체상품의 출혀, 구매자의 교섭력, 공급자의 교섭력과 같은 여러 가지 요인에 의해 결정된다.

2.1.2 수요구조

매출액의 추세를 분석하면 장기적인 관점에서 제품에 대한 수요가 어떻게 될 것인가를 제품별로 검토한다. 제품수요가 경기 변동에 의해서 어떤 영향을 받을 수 있는지를 분석한다(경기변동의 민감도). 소득증가나 기술혁신으로 기존산업이 새로운 산업으로 대체될 수 있는 산업간 대체관계를 파악한다.

또한 급속한 기술 혁신과 소비자 욕구의 다양화를 고려하여 제품의 라이프 사이클 상 어느 단계에 위치하고 있는가를 파악한다.

* 매출액과, 이익의 성장성
* 경기변동과 가격에 대한 민감도

2.1.3 생산 · 판매 구조

생산구조에 관련된 생산기술 · 생산능력 · 노사관계 등에 대해 분석한다. 주요 원자재 가격의 동향, 생산량 카르텔의 유무, 해외 진출 상황, 설비투자의 내용과 규모등도 파악한다.

* 노사문제
* 원자재가격 동향
* 비용구조

판매구조에 관련된 시장점유율과 판매조직 및 물적 유통구조를 분석한다. 유통과정의 재고 수준, 판매가격의 추이, 가격 카르텔의 유무, 신시장 개척능력 등을 검토한다.

2.1.4 재무구조

자산의 이익창출 능력, 현금화하는데 걸리는 시간 등을 파악한다. 재고자산의 질, 매출채권의 회수가능성을 파악한다. 또한 부채의 차입한도를 결정하는 이자보상비율($EBIT$/지급이자)을 파악한다.

2. 2 산업의 라이프사이클

제품의 수명주기는 도입기, 성장기, 성숙기, 쇠퇴기로 나누어지는데, 제품이 라이프 사이클의 어떤 단계에 있는가에 따라 경쟁상태, 기업의 이윤, 사업위험 등이 달라진다. 예를 들어 도입기에 있는 산업은 성숙기에 있는 산업보다 시장 규모는 작고 투자 기회는 풍부하다. 그 결과 도입기에 있는 산업의 특징은 큰 투자 규모와 높은 투자수익률, 낮은 배당이 이루어진다.

① 도입기

신제품이 시장에 소개되는 시기이므로 광고비의 과다한 지출로 기업의 위험이 높다. 또한 신제품이 수요를 일으키기까지는 시간이 걸리므로 매출증가율은 적다. 신제품을 개발한 기업의 독점적 우위, 제품차별화로 수요의 가격탄력성이 비교적 적다. 도입기에는 산업 전체가 매우 빠르게 성장하지만 어떤 회사가 그 산업을 주도하게 될 것인지 불분명하기 때문에 산업 내에서 투자 종목을 선택하기가 매우 어렵다.

경쟁자수가 적고 소비자의 인지도가 적어 마케팅 능력이 요구된다.

② 성장기

수요가 증가되고 경쟁자들의 진출이 이루어진다. 제품이 확고한 시장 기반을 형성하고 산업 내 선도 기업이 점점 뚜렷하게 드러난다. 선도기업의 위치가 안정되므로 시장점유율도 확대된다. 기업의 이윤이 증가해 기업위험이 줄어든다. 그러나 경쟁기업의 등장으로 규모의 경제와 경영능력의 제고가 기업의 성패를 좌우한다.

③ 성숙기

시장의 수요는 증가하지 않고 기업은 시장점유율 확대를 위해 가격인하 정책으로 경쟁이 치열해진다. 구매자의 수요변화에 필요한 새로운 제품을 개발하기 위한 연구개발비의 증가가 요구된다.

제품은 표준화되고 기업 간의 가격 경쟁이 치열하여, 성장을 지속시키기 위해 고부가가치를 창출하려는 노력을 기울이거나 새로운 업종으로 다각화를 모색하는 단계이다.

④ 쇠퇴기

제품의 진부화, 대체적인 신제품의 등장, 비용절약적인 신기술의 등장 등으로 인해 산업의 규모가 쇠퇴한다. 기업은 산업에서 완전히 철수하거나 다각화를 모색하게 된다.

제 3 절 기업분석

기업의 재무상태와 경영성과는 경제요인과 산업의 구조적 요인뿐만 아니라 기업내부의 질적 요인에 의해서도 영향을 받는다. 기업 내의 질적 요인으로 제품의 구성과 시장 지위, 기업의 경쟁적 우위, 연구개발력, 경영 기능과 조직 등이 있으며, 이러한 내적 요인은 기업의 수익력과 위험에 영향을 미친다.

포터는 경쟁력으로 새로운 진출기업의 위협, 기존 기업간의 경쟁, 대체품의 존재, 구매자의 교섭력, 공급자의 교섭력 등이 결정한다고 한다.

(1) 제품 구성 및 시장 지위

제품을 평가함으로써 기업의 능력을 평가할 수 있는데, 제품을 평가하기 위해 제품 구성(product mix), 제품 라이프 사이클(product life cycle), 제품의 시장 지위(product market standing)를 살펴봐야 한다.

제품 구성을 평가할 때에는 각 제품별로 시장점유율과 공헌이익을 파악해야 한다. 기업이익에 가장 큰 공헌을 하는 제품이 어떤 제품이며, 앞으로의 매출 전망은 어떠한지를 분석한다. 일반적으로 공헌이익이 높은 제품 중 매출액의 증가가 높은 제품을 성장잠재력이 있는 제품으로 평가한다.

제품 포트폴리오 관리(product portfolio management : PPM)는 산업의 시장 유망성과 업계에서의 경쟁적 위치를 평가한다. 각 제품이 외부환경으로 시장성장률(유망성), 내부여건으로 제품의 시장점유율(경쟁적 위치)과의 비교로서 시장에서의 제품 위치를 파악한다. 기업의 현금흐름에 각 제품이 미치는 영향과 자원 배분을 분석하는 제품 포트폴리오 관리(product portfolio management : PPM)를 통하여 시장에서의 제품 위치를 평가한다. 제품 포트폴리오 관리(product portfolio management : PPM)는 시장점유율이 높은 제품일수록 경쟁력도 있고 수익성도 있다는 것이다.

(2) 경쟁적 우위 분석

시장점유율, 신제품 개발능력등 기업의 경쟁적 우위(competitive advantage)는 장기적으로 유지할 수 있어야 하고, 기업의 장기적인 수익성에 영향을 미친다.

기업의 경쟁적 우위를 분석하는 기법으로는 첫째, 저가격 전략을 들 수 있는데 규모의 경제를 통해 경쟁기업에 비해 가격경쟁 우위를 확보하려는 전략이다. 둘째, 다른 제품과 구별되는 차별화 전략이다. 독특하다고 인식될 수 있는 그 무엇을 창조하는 것으로서 서비스, 디자인, 기술 등이 포함된다. 셋째, 특정제품 또는 특정시장에

집중하는 전략이다.

(3) 경영 기능과 조직 평가

기업 내부의 경영 기능과 조직은 기업의 재무상태와 경영성과에 영향을 미친다.

첫째, 생산과 기술개발능력은 기업의 수익력에 영향을 미친다. 생산은 제품을 제조하는 기능으로서 제품의 설계와 생산에 필요한 기술의 개발, 유지·관리 등의 여러 기능을 포함한다.

기술개발은 새로운 원료, 새로운 생산 공정, 생산기술의 개발을 포함한다.

둘째, 마케팅이란 기업이 제품과 서비스를 통하여 고객과 소비자의 욕구를 충족시켜 주는 기능으로서 고객과 소비자가 원하는 제품과 서비스의 제공 등을 포함한다.

셋째, 생산, 마케팅, 재무 등의 모든 경영관리 활동은 기업의 수익성에 중요한 영향을 미친다. 관리자의 리더십, 경영관리, 인사 및 조직관리 등 인적 자원 관리능력과 조직의 유연성도 경영성과에 많은 영향을 받는다.

9
chapter

기업부실 예측

제 1 절 기업부실 개념

기업부실(corporate financial distress)이란 경제적 실패, 지급불능, 파산을 의미하는 개념으로 사용된다. 기업부실을 양도하거나, 파산에 따르는 영업중지 또는 재조직(reorganization)으로 정의하기도 한다. 일반적으로 파산, 채권에 대한 지급불능, 은행의 부도 발생, 채권자를 위한 청산을 의미한다.

기업부실의 과정은 기업의 수익성이 떨어지는 경제적 실패에서 지급불능상태, 파산선고의 과정을 거친다.

기업부실의 원인은 무리한 사업 확장, 방만한 자금관리가 중요 원인인데, 적정수준의 투자활동과 자금관리가 기업부실을 막는 가장 중요한 변수이다.

1. 1 경제적 부실

경제적 부실(economic failure)은 기업의 총수익이 총비용에 미달하여 적자를 보는 경우, 기업의 투자수익률(ROI)이 자본비용(cost of capital)보다 낮은 경우, 또는 기업의 투자실현수익률(realized rate of return)이 업종평균의 투자수익률에 미치지 못하여, 기업의 수익성 저하가 원인이 되어 나타나는 경제적 문제를 말한다.

1. 2 지급불능

지급불능(insolvency)이란 기업이 채무를 변제할 능력이 없는 상태로 일시적 유동성부족으로 채무를 상환하지 못하는 지급불능(technical insolvency)과 기업의 총부채가치가 총자산가치를 넘어 지급불능(real insolvency)상태를 포함한다. 전자는 자산이 부채보다 크지만 현금화를 할 수 있는 자산이 적어 발생하는 기술적 지급불능상태이고, 후자는 부채가 자산을 초과하여 발생하는 실질 적인 지급불능상태이다.

일시적인 유동성부족으로 채무를 상환하지 못하는 지급불능(technical insolvency)은 자금이 뒷받침되면 곧 정상적인 영업활동을 재개할 수도 있지만, 기업의 총부채가치가 총자산가치를 넘어 지급불능(real insolvency)상태가 된 경우는 파산으로 되는 경우가 많다.

1.3 파산

파산(bankruptcy)이란 실질적 지급불능에 이르렀을 때 채권자의 신청에 의해 법원이 파산선고를 내린 경우이다. 기업의 자산가치가 부채가치보다 적어서 법원이 파산선고를 내려 기업의 해산에 이르는 상태를 파산이라고 정의하고 있다.

제 2 절 기업부실 예측 방법

2.1 전통적 방법

기업부실 분석은 재무제표를 중심으로 한 재무적 분석 뿐만이 아니라 비재무적 분석도 병행하여야 한다. 재무제표분석(financial statement analysis)을 비롯하여 현금흐름분석(cash flow analysis), 시장 정보분석(market information analysis), 경영전략분석(corporate strategy analysis) 등이 있다.

1) 재무제표분석

재무제표의 자료를 이용하여 기업의 수익성, 유동성, 장단기 지급능력, 재무구조 등에 관한 각종 재무비율을 분석함으로써 건전기업과 부실기업을 판별한다. 재무비율이나 재무변수들의 기업간 분석을 통하여 기업의 부실 가능성을 예측할 수도 있다.

대차대조표에서 유동성이 떨어지고, 재고자산이 급증하고, 과다한 고정자산 투자를 나타내고, 손익계산서에서 매출액이 감소하고 이자비용의 급증을 나타낸다.

재무제표는 과거 정보만 포함된다는 한계가 있지만, 쉽게 입수하여 이용할 수 있기 때문에 사용이 간편하다

2) 현금흐름분석

기업의 부실은 결국 유동성 부족에 의한 지급불능에 의해 나타나므로 현금흐름의 분석이 중요하게 된다. 따라서 현금유출이 현금유입보다 계속 많을 것으로 전망되는 기업은 그만큼 부실 가능성이 높다고 판단할 수 있다.

현금흐름분석은 재무제표분석의 단점을 보완하여 기업부실 여부를 판정하고 예측하는 데 유용하게 사용된다.

3) 시장정보 분석

기업이 부실화하거나 부실이 예측되면 증권시장에서 주식이나 회사채의 가격 등에 나타난다. 실제 상장된 기업으로서 부실화가 진행되고 있거나 예상되는 기업은 부실화에 대한 정보가 주가에 반영되어서 도산 발생 시점 이전에 주가가 하락하는 경우가 많다.

따라서 기업의 가치를 나타내는 증권시장 변화를 분석하면 기업 부실화 가능성을 예측할 수 있을 것이다.

이와 같은 시장정보는 기업부실 정도를 사전에 나타낸다고 할 수 있다.

4) 경영전략분석

기업이 부실해지는 원인은 변화하는 기업 환경에 적절히 대응하는 장·단기 전략이 부족했기 때문에 발생될 수도 있다. 따라서 국내·외 경제 환경의 변화, 산업 경쟁구조의 변화, 경쟁업체의 동향, 기업의 비용구조, 경영자의 자질이나 경험 등과 같은 기업경영의 질적 요인들을 분석하여야 한다.

제 3 절 계량적 기업부실 예측 방법

기업부실을 예측하기 위한 방법은 계량적 방법과 비계량적 방법으로 구분해 볼 수 있다. 계량적 방법은 주로 재무제표 자료나 시장지표 등과 같은 재무 변수를 이용하여 통계적 방법으로 기업부실을 예측하는 방법이다. 반면에 비계량적 방법은 비재무자료인 질적 자료들을 이용하여 기업부실의 요인들을 분석하고 부실 가능성을 예측하는 방법이다.

3. 1 단일변량분석

단일변량분석(univariate analysis)이란 재무변수 하나만을 이용하여 기업부실을 예측하는 방법이다. 즉, 이 방법은 기업부실과 관련한 여러 재무변수 또는 재무비율 중에서 부실예측에 가장 적합하다고 판단되는 변수를 선정하고, 이 변수를 분석하여 부실예측의 기준을 설정함으로써 부실 가능성을 판정하는 방법이다.

첫째, 기업부실예측에 적합하다고 판단되는 재무비율을 선정한다.

건전기업과 부실기업을 체계적으로 구분하는 재무비율을 찾아낸다.

둘째, 선정된 재무비율은 분석하여 부실기업과 건전기업을 판정할 수 있는 구분점을 찾는다.

단일변수분석에서의 기법은 프로필분석, 이원분류법, 재무비율 평균의 차이 분석 등이 있다.

3.1.1 프로필분석

프로필분석(profile analysis)이란 기업의 부실을 판별 예측할 수 있는 재무비율로 부실기업과 정상기업의 재무비율이 각각 어떻게 변화하는지를 그래프를 통하여 조사하고 분석하는 방법이다. 특정한 재무비율의 변화추세를 통해서 기업이 부실의 신호를 보이고 있는지 관찰하는 것을 말한다. 즉 프로필분석은 기업의 부실이 재무비율의 변화에 어떠한 영향을 주는가를 분석하는 것이다.

첫째로 부실기업과 건전기업의 도산 1년 전에서 몇 년 전 사이의 재무제표 자료를 입수한다.

둘째로 기조의 부실예측 연구, 기업평가 실무, 분석자의 판단 등에 의하여 기업 부실예측에 유용하다고 여겨지는 재무비율을 계산한다.

셋째로 각 집단별, 연도별로 각 재무비율을 평균을 그래프로 나타내어 연도별 변화 추이를 비교한다.

넷째로 도산 1년 전에서 도산 몇 년 전 사이에 걸쳐서 두 집단 간에 뚜렷한 차이를 나타내는 비율들을 선정한다.

이와 같은 절차가 끝나면 어느 재무비율의 부실 예측력이 가장 좋을지를 구체적인 예측력 검증을 하기 전에 개략적으로 파악할 수 있다.

3.1.2 이원분류법

재무비율을 사용하여 기업부실을 예측하는 경우 부실화 여부를 판단할 수 있는 일정한 기준이 있어야 부실여부를 판단할 수 있다.

이러한 기준을 정하여 부실기업과 건전기업을 구분하는 절사점(cut-off point)을 정하는 데 이용하는 방법이 이원분류법이다. 이원분류법을 적용하는 절차는 다음과 같다.

첫째로 표본기업들에 대한 재무비율을 크기에 따라 순서대로 배열한다.

둘째로 순서대로 배열된 재무비율 사이의 중간점을 산출하여 각 중간점에 대한 예측오류를 계산한다.

셋째로 예측오류가 최소인 중간점을 최적 판별점으로 선정한다. 예측오류(forecasting error)에는 두 종류가 있다.

하나는 제1종 오류(type Ⅰ error)로서 실제는 부실기업인데 건전기업으로 예측하는 오류이고, 다른 하나는 제2종 오류(type Ⅱ error)로서 실제는 건전기업인데 부실기업으로 예측하는 오류이다. 심각한 오류를 제1종 오류(type Ⅰ error)로 귀무가설과 대립가설을 만들어야 한다. 부실기업을 건전기업으로 판단하여 발생한 손실은 회복될 수 없기 때문이다. 제1종 오류와 제2종 오류 사이에 큰 차이가 있을 경우 각 오류의 예상손실액을 감안하여 총 예상 손실액을 최소화하는 방향으로 절사점을 선택하는 것이 합리적이다.

이분류 검정법

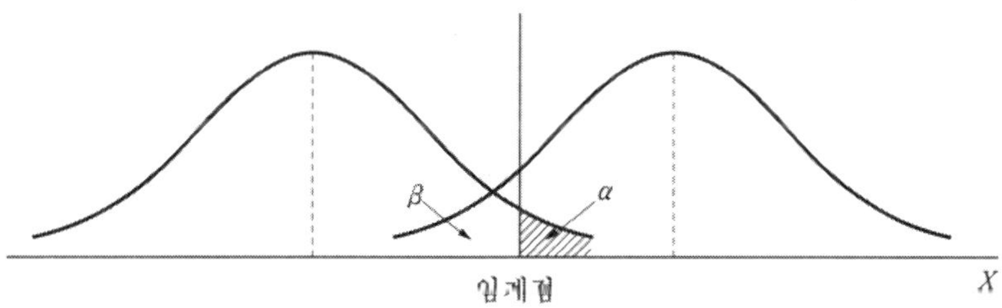

(a) 귀무가설이 사실일 때 (b) 대립가설이 사실일 때

재무비율을 이용하여 부실여부를 예측할 때 오류를 최소화할 수 있는 기준점을 결정해야 한다. 제1종의 오류를 최소화할 수 있는 방법이 되어야 한다 여기서 제1종의 오류란 실제 부실기업을 건전

기업으로 판단하는 오류를 말한다.

검정결과에 따른 오류

구분		실제상황	
		부실기업	건전기업
판단	부실기업		제2종의 오류
	건전기업	제1종의 오류	

재무비율과 실제상태

	매출액이익률	실제상태
A기업	38	건전
B	31	건전
C	30	부실
D	29	건전
E	22	건전
F	20	건전
G	12	부실
H	8	부실
I	-4	부실
J	-18	부실

임계점에 따른 오류의 수

절사점	제1종의오류	제2종의오류	오류합계
30.5	0	3	3
29.5	1	3	4
25.5	1	2	3
21	1	1	2
16	1	0	1
10	2	0	2
2	3	0	3

[예제]

기업	이자보상비율	실제상태
A	8.0	건전기업
B	2.8	건전기업
C	9.0	건전기업
D	8.0	건전기업
E	4.0	부실기업
F	1.1	부실기업
G	2.9	부실기업
H	1.7	부실기업

재무비율을 크기 순으로 배열한다.

이자보상비율	실제상태
9.0	건전
8.0	건전
4.0	부실
2.9	부실
2.8	건전
2.7	건전
1.7	부실
1.1	부실

절사점	제1종의 오류	제2종의 오류	총오류
8.5	0	3	3
6.0	0	2	2
3.5	1	2	3
2.85	2	2	4
2.75	2	1	3
2.2	2	0	2
1.4	3	0	3

총 오류가 가장 적은 경우는 2개인데 절사점은 6.0과 2.2이다. 6.0은 제2종의 오류가 2개이고 2.2는 제1종의 오류가 2개이므로 제2종의 오류가 2개인 6.0을 절사점으로 선택한다. 즉 이자보장비율이 6.0보다 크면 건전기업으로, 작으면 부실기업으로 판단한다.

만약 은행이 건전기업과 부실기업의 판단을 이자보상비율 기준 6.0으로 한다면

귀무가설 H_0 : $\mu \leq 6.0$

대립가설 H_1 : $\mu > 6.0$으로 가설을 만들어야 한다.

3.1.3 집단 간 차이 분석

이 방법은 부실기업과 건전기업의 두 집단으로 나누고 두 집단의 체계적인 차이를 나타내는 재무변수를 찾아내어 부실예측에 이용하는 방법이다. 부실기업과 건전기업의 차이를 검증하기 위해서는 먼저 기업부실을 효과적으로 예측할 수 있는 재무비율을 선정해야 한다. 재무비율을 선정할 때에는 기업부실에 대한 선행연구의 결과, 기업평가 실무, 분석자의 판단 등을 종합하여 표본을 추출한 후 부실기업과 건전기업을 비교기업으로 선정한다.

적당한 재무비율과 표본기업이 선정되면 각 표본기업별로 재무비율을 계산한다. 계산된 재무비율에 대해 부실기업에 속하는 집단의 평균과 건전기업에 속하는 집단의 평균을 구하여 통계적 검증방법(t-test)을 사용하여 유의성을 검증한다.

부실기업과 정상기업의 재무비율이 다음과 같다. 각 모집단 변수의 차이에 대한 구간추정을 하시오?

(1) 두 집단 평균차에 대한 95% 신뢰구간을 구하라.

(2) 차이가 있는 지를 유의수준 5%에서 검정하라.

	X_1 (총자본회전율)	X_2 (당좌비율)	X_3 (이자보상비율)
〈부실기업〉			
A사	0.398	0.928	1.050
B사	0.757	0.960	1.924
C사	0.701	1.083	2.963
D사	0.802	0.630	1.768
E사	0.705	0.965	1.386
F사	0.979	0.964	4.161
평균 ($\overline{X_F}$)	0.724	0.922	2.209
표준편차(S_F)	0.189	0.157	1.155
〈건전기업〉			
G사	1.545	1.418	7.815
H사	0.846	1.024	2.737
I사	0.773	1.296	2.869
J사	1.314	1.042	2.187
K사	1.011	0.990	9.221
L사	1.120	0.875	8.989
평균 ($\overline{X_N}$)	1.102	1.108	5.636
표준편차(S_N)	0.286	0.197	3.370

	건전기업평균	부실기업평균	평균의 차이
총자본회전율	1.102	0.742	0.360
(표준편차)	0.286	0.189	
당좌비율	1.108	0.922	0.086
(표준편차)	0.198	0.157	
이자보상비율	5.636	2.209	3.427
(표준편차)	3.370	1.155	

모집단의 분산을 알 때 $\mu_2 - \mu_1$에 대한 $100(\alpha)\%$ 신뢰구간

$$(\overline{X_2} - \overline{X_1}) \pm z(\frac{\alpha}{2}) \cdot \sigma(\overline{X_2} - \overline{X_1})$$

$$(1.102 - 0.742) \pm 1.96\sqrt{\frac{(0.286)^2}{6} + \frac{(0.189)^2}{6}}$$

$$0.36 \pm 1.96 \times 0.137 = (0.36 \pm 0.26)$$

참조: 변수가 하나일 때 : $\overline{X} \pm Z_{\frac{\alpha}{2}} \frac{\sigma}{\sqrt{n}}$

모집단 분산을 모를 때

$$(\overline{X_2} - \overline{X_1}) \pm t(\frac{\alpha}{2} : n_1 + n_2 - 2) \cdot s(\overline{X_2} - \overline{X_1})$$

$t(\frac{\alpha}{2} : n_1 + n_2 - 2) = 2.22$이므로

$$(1.102 - 0.742) \pm 2.22\sqrt{\frac{(0.286)^2}{6} + \frac{(0.189)^2}{6}}$$

$$0.36 \pm 2.22 \times 0.137 = (0.36 \pm 0.30)$$

가설검정(모집단의 표준편차를 알 때)

유의수준 5%일 때 $-1.96 \leqq Z \leqq +1.96$이면 귀무가설을 채택

검정통계량 $z = \frac{(\overline{x_1} - \overline{x_2}) - \mu_0}{\sqrt{\frac{\sigma_1^2}{n_1} + \frac{\sigma_2^2}{n_2}}} = (1.102 - 0.742)/$

$$\sqrt{\frac{(0.286)^2}{6}+\frac{(0.189)^2}{6}}=0.286$$

이므로 대립가설 채택

모집단 분산을 모를 때

유의수준 5%일 때 $t(\frac{\alpha}{2}:n_1+n_2-2)$ =2.22이므로

-2.22 $\leq t(\frac{\alpha}{2}:n_1+n_2-2)\leq$ 2.22이면 귀무가설을 채택

검정통계량 $z=\dfrac{(\overline{x_1}-\overline{x_2})-\mu_0}{\sqrt{\dfrac{\sigma_1^2}{n_1}+\dfrac{\sigma_2^2}{n_2}}}$ =(1.102-0.742)/

$$\sqrt{\frac{(0.286)^2}{6}+\frac{(0.189)^2}{6}}=0.286$$

이므로 귀무가설 채택

건전기업과 부실기업의 유동성 비율이 차이가 있는가를 알고자 한다(유의수준=5%).

	유동성비율	표본표준편차	표본기업 수
건전기업	1.34	0.30	15
부실기업	0.86	0.25	15

모집단 유동성비율의 차이가 갖는 신뢰구간은 다음과 같다(자유

도는 28이므로 $t(\frac{\alpha}{2}: n_1 + n_2 - 2)$는 2.048).

$$(\overline{X_2} - \overline{X_1}) \pm t(\frac{\alpha}{2}: n_1 + n_2 - 2) \cdot s(\overline{X_2} - \overline{X_1})$$

$$(1.35\text{-}0.86) \pm (2.048)\sqrt{\frac{(0.30)^2}{15} + \frac{(0.25)^2}{15}}$$

$=(0.273, 0.683)$: 0을 포함하지 않는다.

유의수준 5%일 때 $t(\frac{\alpha}{2}: n_1 + n_2 - 2) = 2.048$이므로

$-2.048 \leq t(\frac{\alpha}{2}: n_1 + n_2 - 2) \leq 2.048$이면 귀무가설을 채택

$(1.35\text{-}0.86) \;/ \sqrt{\frac{(0.30)^2}{15} + \frac{(0.25)^2}{15}} = 4.9$이므로 대립가설 채택

따라서 차이가 있다.

대기업과 중소기업의 부도율이 차이가 있는가를 알기 위하여 다음과 같은 자료를 얻었다.

기업	표본수	부도 기업수
대기업	25	10
중소기업	16	8

대기업 부도율(P_1)이고 중소기업 부도율(P_2)의 차이를 신뢰수준 95%에서 추정하라?

차이가 있는가의 여부를 유의수준 5%에서 검정하라?

두 집단 표본비율 차의 기대값과 분산:

$$E(\overline{p_1} - \overline{p_2}) = p_1 - p_2$$

$$\sigma^2(\overline{p_1} - \overline{p_2}) = \frac{p_1(1-p_{1)}}{n_1} + \frac{p_2(1-p_2)}{n_2}$$

두 집단 비율차의 표준정규

$$\frac{(\overline{p_1} - \overline{p_2}) - (p_1 - p_2)}{\sqrt{\frac{\overline{p_1}(1-\overline{p_1})}{n_1} + \frac{\overline{p_2}(1-\overline{p_2})}{n_2}}} = N(0.1)$$

$$p_1 - p_2 = (\overline{p_1} - \overline{p_2}) \pm 1.96\sqrt{\frac{\overline{p_1}(1-\overline{p_1})}{n_1} + \frac{\overline{p_2}(1-\overline{p_2})}{n_2}}$$

$\overline{p}_1$	=	10/25
n_1	=	25
$\overline{p}_2$	=	8/10
n_2	=	10

두 집단의 비율이 차이가 없다면

다음과 같이 계산한다.

$$\hat{p} = \frac{(n_1)(\overline{p}_1) + (n_2)(\overline{p}_2)}{n_1 + n_2}$$

$$= \frac{10+8}{25+10}$$

$$= 0.51$$

$$\sigma(\overline{p_1}-\overline{p_2}) = \sqrt{\frac{\hat{p}\hat{q}}{n_1}+\frac{\hat{p}\hat{q}}{n_2}}$$

$$= \sqrt{\frac{(0.51)(0.49)}{25}+\frac{(0.51)(0.49)}{10}}$$

$$= 0.1$$

유의수준 5%일 때 -1.96 ≦ Z ≦+1.96이면 귀무가설을 채택

$$\frac{(\overline{p_1}-\overline{p_2})-(p_1-p_2)}{\sqrt{\frac{\overline{p_1}(1-\overline{p_1})}{n_1}+\frac{\overline{p_2}(1-\overline{p_2})}{n_2}}} = -4$$

따라서 대립가설 채택

다변량분석

단일변량분석에 의한 기업부실 예측의 문제점은 선택된 재무비율 변수에 따라 서로 다른 결과가 나올 수 있다는 점이다. 예를 들어 유동비율로 분석하면 부실기업으로 판단되는데 수익률로 분석하면 건전기업으로 판단되는 경우도 있다. 이와 같은 문제점을 해결하기 위해서는 하나의 변수가 아닌 기업부실 예측에 유용하다고 판단되는 여러 개의 변수를 동시에 고려하여 종합적으로 분석해야 한다.

이와 같은 여러 개의 변수를 사용하여 집단을 분류하는 통계적 분석 기법 중에서 대표적인 것이 판별분석(multiple discriminant analysis)이다.

판별분석을 할 때는 여러 재무변수들이 다변량 정규분포를 이루고 있으며 집단별 재무변수의 확률분포가 동일하다고 가정한다. 판별분석을 시행하기 위한 절차는 다음과 같다.

첫째로 판별분석에 필요한 표본기업들에서 분석할 자료를 수집

하고, 분류하려는 대상인 종속변수와 분류에 적합한 독립변수들을 선정한다.

둘째로 연구 목적에 적합하고 분류 오류를 최소화시켜 주는 판별함수를 추정하는 작업이다.

셋째로 판별함수를 통하여 산출된 판별점수의 추정치가 구해지면 다음으로 부실기업인지 건전기업인지 판별해 주는 기본이 되는 절사점을 정한다. 이 절사점 중에서 분류 오류 수와 분류 오류에 따른 손실을 최소화할 수 있는 최적 절사점을 구한다.

넷째로 판별 함수식을 이용하여 실제 자료를 바탕으로 예측력을 평가한다.

판별분석에 의한 기업부실 예측에 관한 연구를 살펴보자.

– 알트만의 Z-score 모형

알트만(E. I. Altman)은 1946년부터 1965년 사이에 파산법에 의해 파산을 신청한 33개 기업과, 동일 업종 내의 자산규모가 비슷한 건전기업 33개 기업을 표본으로 선정하여 판별분석을 실시했다. 그리고 선행연구에서 기업평가를 위한 유의적인 지표로 사용된 22개의 재무비율을 선정하여 그 중 기업부실 예측에 효력이 있다고 판단되는 5개의 재무비율을 최종적으로 선정했다.

$$Z = 1.2X_1 + 1.4X_2 + 3.3X_3 + 0.6X_4 + 1.0X_5$$

Z : 판별점수
X_1 : 순운전자본/총자산
X_2 : 이익잉여금/총자산
X_3 : 영업이익(EBIT)/총자산
X_4 : 자기자본의 시장가치/총부채의 장부가치
X_5 : 매출액/총자산

Z-score 모형의 최적판별점은 $Z = 2.675$로 추정되었으며, 알트만이 제시한 구체적인 판별기준은 다음과 같다.

$Z > 2.99$: 정상기업
$Z < 1.81$: 부실기업
$1.81 \leq Z \leq 2.99$: 판정 유보

이 모형의 예측능력을 파악하기 위해 추정표본을 이용했다. 그 결과 도산 1년 전의 자료를 추정표본으로 이용할 경우 95%, 2년 전의 자료를 추정표본으로 이용할 경우 83%로 높게 나타났다.

또한 알트만은 재무비율 X_4를 '자기자본의 장부가치/총부채의 장부가치'로 대체하여 비상장회사에 적용할 수 있는 새로운 Z'-score 모형을 제시했다.

$$Z' = 0.717X_1 + 0.847X_2 + 3.107X_3 + 0.420X_4 + 0.998X_5$$

Z'-sore 모형의 판별기준은 다음과 같다.

$Z' > 2.90$: 정상기업
$Z' < 1.23$: 부실기업
$1.23 \leq Z' \leq 2.90$: 판정 유보

추정표본에 대한 Z'-sore 모형의 예측정확도는 파산 1년 전 자료를 이용할 경우 94%로 Z-sore 모형의 예측능력과 거의 유사하게 나타났다.

〈부록〉

두 모집단 차에 관한 표본분포 :
두 집단 평균 차이에 관한 기대값과 분산은 다음과 같다.

$$E(\overline{X_2} - \overline{X_1}) = \mu_2 - \mu_1$$

$$\sigma^2(\overline{X_2} - \overline{X_1}) = \sigma^2(\overline{X_2}) + \sigma^2(\overline{X_1}) - 2\sigma(\overline{X_2}, \overline{X_1})$$

두 변수가 독립을 가정하면 공분산이 0이므로

$$\sigma^2(\overline{X_2} - \overline{X_1}) = \sigma^2(\overline{X_2}) + \sigma^2(\overline{X_1}) = \frac{\sigma_2^2}{n_2} + \frac{\sigma_1^2}{n_1}$$

$\sigma^2(\overline{X_2} - \overline{X_1})$: 두 평균 사이의 차에 대한 분산
n_1 : 모집단 1에서 추출된 표본크기
n_2 : 모집단 2에서 추출된 표본크기

두 집단 평균추정의 문제

$$E(\overline{X_2} - \overline{X_1}) = \mu_2 - \mu_1$$

$$\sigma^2(\overline{X_2} - \overline{X_1}) = \sigma^2(\overline{X_2}) + \sigma^2(\overline{X_1}) - 2\sigma(\overline{X_2}, \overline{X_1})$$

두 변수가 독립일 때는 공분산이 0이므로

$$\sigma^2(\overline{X_2} - \overline{X_1}) = \sigma^2(\overline{X_2}) + \sigma^2(\overline{X_1}) = \frac{\sigma_2^2}{n_2} + \frac{\sigma_1^2}{n_1}$$

만약 모집단의 분산을 모르고 표본수가 작을 때는 표본분산을 사용하는데 t 분포를 따른다.

$$s^2(\overline{X_2}-\overline{X_1})=s^2(\overline{X_2})+s^2(\overline{X_1})=\frac{s^2{}_2}{n_2}+\frac{s^2{}_1}{n_1}$$

두 집단 표본평균차 정규분포

$$\frac{(\overline{X}-\overline{Y})-(\mu_1-\mu_2)}{\sqrt{\sigma_1^2/n_1+\sigma_2^2/n_2}}=\mathrm{N}(0.1)$$

모집단의 분산을 알 때 $\mu_2-\mu_1$에 대한 $100(\alpha)\%$ 신뢰구간

$$(\overline{X_2}-\overline{X_1})\pm z(\frac{\alpha}{2})\cdot\sigma(\overline{X_2}-\overline{X_1})$$

참조: 변수가 하나일 때: $\overline{X}\pm Z_{\frac{\alpha}{2}}\frac{\sigma}{\sqrt{n}}$

모집단 분산을 모를 때

$$(\overline{X_2}-\overline{X_1})\pm t(\frac{\alpha}{2}:n_1+n_2-2)\cdot s(\overline{X_2}-\overline{X_1})$$

단, $\mathrm{s}^2(\overline{X_2}-\overline{X_1}) = \sqrt{\frac{s_2{}^2}{n_2}+\frac{s_1{}^2}{n_1}}$

$$\frac{(\overline{X_2}-\overline{X_1})-(\mu_2-\mu_1)}{\sigma^2(\overline{X_2}-\overline{X_1})}\sim\mathrm{N}(0,1)$$

참조: 변수가 하나일 때 $\dfrac{\overline{X}-\mu}{\sqrt{Var(\overline{X})}} = \dfrac{\overline{X}-\mu}{\sigma/\sqrt{n}} \sim N(0,1)$

*모집단의 표준편차를 모를 때

$$\frac{(\overline{X_2}-\overline{X_1})-(\mu_2-\mu_1)}{s(\overline{X_2}-\overline{X_1})} \sim t(n_1+n_2-2)$$

다음의 예를 이용하여, 두 집단 평균 차에 관한 가설의 양측검정 방법을 설명한다.

부실기업과 건전기업의 연간 매출액이 차이가 있는지를 알기 원하는데 다음의 자료를 얻었다.

〈표 9-1〉 부실기업과 건전기업의 연간 매출액

	표본매출	모집단표준편차	표본크기
부실	695(만원)	40	200
건전	710	60	175

부실기업과 건전기업의 매출액이 차이가 없다는 것을 유의수준 0.05로 가설검정을 원한다고 가정하자.

가설을 설정하면, 다음과 같다.

H_0 : μ_1	$= \mu_2$	← 귀무가설
H_1 : μ_1	$\neq \mu_2$	← 대립가설
	= 0.05	← 유의수준

이제, 두 평균 사이의 차에 대한 표준편차를 구하면 다음과 같다.

$$\sigma(\overline{X_2}-\overline{X_1}) = \sqrt{\frac{\sigma_1^2}{n_1}+\frac{\sigma_2^2}{n_2}}$$

$$= \sqrt{\frac{(40)^2}{200}+\frac{(60)^2}{175}}$$

$$= 5.34$$

$$0+1.96\ \sigma(\overline{X_2}-\overline{X_1}) = 0 + 1.96(5.34)$$

$$= 10.47 \quad \leftarrow \text{상한}$$

$$0-1.96\ \sigma(\overline{X_2}-\overline{X_1}) = 0 - 1.96(5.34)$$

$$= -10.47 \quad \leftarrow \text{하한}$$

695 - 710 =- 15

따라서 영역밖에 있으므로 차이가 있다고 결론을 내린다.

두 모집단 평균 차이구간 예

예: 지역(X_1)(X_2)소득 차이를 추정하려 한다. 각 지역의 표본수를 9명, 16명을 조사해서 다음과 같은 자료를 얻었다(유의수준 5%).

지역	표본수	모집단 표준편차	표본평균
X_1	9	5만원	22.5만원
X_2	16	10만원	28.7만원

$$\overline{X_2}-\overline{X_1} = 6.2$$

$$\sigma^2(\overline{X_2}-\overline{X_1}) = \frac{(5.3)^2}{300}+\frac{(9.8)^2}{400} = 9.02$$

$z(0.975) = 1.96$

$u_1 - u_2 = 6.2 \pm 1.96 \times 9.02$

두 지역 학생 평균 점수의 차에 관한 단측검정의 과정은 다음과 같다.

수도권학생이 지방학생보다 점수가 높다고 할 수 있는지를 알기 위해서 다음의 자료를 얻었다.

유의수준 0.10에서 검정하라.

〈표 9-2〉 두 지역에 대한 점수의 표본자료

	점수	표본수	모집단 표준편차
수도권학생	92	40	15
지방학생	88	32	19

가설을 설정하면, 다음과 같다.

$H_0 : \mu_1 \leqq \mu_2$	← 귀무가설
$H_1 : \mu_1 > \mu_2$	← 대립가설
$\alpha = 0.1$	← 유의수준

$$\sigma(\overline{X_2} - \overline{X_1}) = \sqrt{\frac{\sigma_1^2}{n_1} + \frac{\sigma_2^2}{n_2}}$$

$$= \sqrt{\frac{15^2}{40} + \frac{(19)^2}{32}}$$

$$= \sqrt{5.625 + 11.281}$$

$$= 4.11$$

정규분포표에서 의하여, 곡선 밑 부분의 0.40에 대한 Z값은 1.28

이고, 두 집단 평균 사이의 차에 대한 귀무가설의 표본분포의 평균 $(\overline{x_1}-\overline{x_2})$값은 0이 된다. 그러므로 채택영역의 한계를 결정하기 위한 계산은 다음과 같다.

$$0+1.28\ \sigma(\overline{X_2}-\overline{X_1}) = 0+1.28\times 4.11$$
$$= 5.26 \leftarrow \text{상한}$$

점수 사이의 차이(92-88=4)를 나타낸 것으로, 두 표본평균 사이의 차가 채택영역 안에 있다.

지역간에 차이가 없다는 귀무가설을 채택하게 된다.

만약 모집단의 분산을 모르고 표본수가 작을 때는 표본분산을 사용하는데 t분포를 사용한다.

$$s^2(\overline{X_2}-\overline{X_1}) = s^2(\overline{X_2}) + s^2(\overline{X_1}) = \frac{s_2^2}{n_2} + \frac{s_1^2}{n_1}$$

모집단의 분산을 알때는

두 집단 표본평균차의 분포는 정규분포

$$\frac{(\overline{X}-\overline{Y})-(\mu_1-\mu_2)}{\sqrt{\sigma_1^2/n_1+\sigma_2^2/n_2}} = \mathrm{N}(0.1)$$

모집단 분산을 모를 때

$$(\overline{X_2}-\overline{X_1}) \pm t\left(\frac{\alpha}{2}: n_1+n_2-2\right)\cdot s(\overline{X_2}-\overline{X_1})$$

단, $s(\overline{X_2}-\overline{X_1}) = \sqrt{\frac{s_2^2}{n_2}+\frac{s_1^2}{n_1}}$

모집단 분산을 알 때

$$\frac{(\overline{X_2}-\overline{X_1})-(\mu_2-\mu_1)}{\sigma(\overline{X_2}-\overline{X_1})} \sim N(0,1)$$

*모집단의 표준편차를 모를 때

$$\frac{(\overline{X_2}-\overline{X_1})-(\mu_2-\mu_1)}{s(\overline{X_2}-\overline{X_1})} \sim t(n_1+n_2-2)$$

***가설검정 요약**

■ 가설(hypothesis)

- 과거의 경험, 지식, 연구의 결과 등으로 모수가 취할 것으로 알려진 값을 주장하는 것

■ 귀무가설(null hypothesis)(H_O)과 대립가설(alternative hypothesis)(H_A)

■ 가설검정(hypothesis test)

- 모집단에 대한 어떤 가설을 설정하고 그 모집단으로부터 추출된 표본을 분석함으로써 그 가설의 타당성 여부를 결정하는 것.

■ 검정통계량

- 귀무가설의 기각여부를 결정하는데 사용되는 통계량
- 모평균의 경우 표본평균,

모비율의 경우 표본비율,
모분산의 경우 표본분산이 검정통계량이 됨

■기각치(critical value) : 기각영역과 채택영역을 분리시켜 주는 값

■기각역 : H_O 이 기각되는 검정통계량의 모든 값.

■제1종오류(type Ⅰ error) = α
- 귀무가설이 옳은데도 불구하고 검정결과 귀무가설을 기각하는 오류.
- 제1종 오류를 범할 확률을 유의수준(significance level)이라 함

■제2종오류(type Ⅱ error) = β
- 귀무가설이 틀렸음에도 불구하고 검정결과 옳은 것으로 받아들이는 오류

※참고 $(1-\beta)$는 검정력(Power)이라고 한다.

■가설검정 절차
1. 귀무가설(H_o)과 대립가설(H_1)의 설정
2. 유의수준 α의 선택
3. 기각역의 계산
4. 검정통계량의 계산
5. 기각역과 검정통계량의 비교에 의한 결론

***가설검정 요약**

■단일 모집단의 가설검정

■모평균의 가설검정

1) 모분산이 기지이거나 표본이 클 경우

$$H_0:\ \mu = \mu_0$$
$$H_1:\ \mu \neq \mu_{0,}$$

- 표본평균 $\bar{x}$ 이용
- 기각치 : $-Z_{\alpha/2},\ \ Z_{\alpha/2}$
- 검정통계량 $Z = \dfrac{\bar{x}-\mu_0}{\sigma/\sqrt{n}}$ 의 계산

※ 참고

$$x_1 = \mu_0 - Z\alpha/2\frac{\sigma}{\sqrt{n}}$$

$$x_2 = \mu_0 + Z\alpha/2\frac{\sigma}{\sqrt{n}}$$

2) 모분산이 미지이고 표본이 작은 경우

$$H_0:\ \mu = \mu_0$$
$$H_1:\ \mu \neq \mu_{0,}$$

- 표본표준편차를 이용
- 기각치 : $-t_{n-1,\alpha/2},\ t_{n-1,\alpha/2}$
- 검정통계량 $t = \dfrac{\bar{x}-\mu_0}{s/\sqrt{n}}$ 의 계산

■ 모비율에 대한 가설검정

① $H_0:\ p\ =\ p_0$
$H_1:\ p\ \neq\ p_0$

② 기각치 : $-Z_{\alpha/2},\ Z_{\alpha/2}$

표본비율 $\hat{p}$ 이용

③ 검정통계량 $Z=\dfrac{\hat{p}-p_0}{\sqrt{\dfrac{p_0 q_0}{n}}}$ 의 계산

■ p값에 의한 가설검정

- P값은 귀무가설이 기각되는 최소수준의 α값으로 해석할 수 있으며, 따라서 P값이 α값보다 작으면 주어진 귀무가설을 기각하게 된다.

■ 검정력(1−β)

■ t분포

$$t=\frac{\overline{X}-\mu}{S/\sqrt{n}} \sim t_{n-1}$$

여기서 $S=\sqrt{\dfrac{\sum(x_i-\overline{x})^2}{n-1}}$ 임.

*두 집단 가설검정 요약

■ 두 집단에 대한 가설검정

■ 모평균의 가설검정

1) 표본이 서로 독립적일 때

a) 모분산이 알려져 있거나 표본이 클 경우

① $H_0: \mu_1 - \mu_2 = \mu_0$
$H_1: \mu_1 - \mu_2 \neq \mu_0$

② 기각역 : $|Z| > z_{\frac{\alpha}{2}}$ 이면 기각

③ 검정통계량 $z = \dfrac{(\overline{x_1} - \overline{x_2}) - \mu_0}{\sqrt{\dfrac{\sigma_1^2}{n_1} + \dfrac{\sigma_2^2}{n_2}}}$

④$\mu_1 - \mu_2$ 에 대한 100(1-α)% 신뢰구간

$$CI = (\overline{x_1} - \overline{x_2}) \pm Z_{\frac{\alpha}{2}} \sqrt{\frac{\sigma_1^2}{n_1} + \frac{\sigma_2^2}{n_2}}$$

b) 모분산을 모르거나 표본이 작을 때

① 검정통계량 $t = \dfrac{(\overline{x_1} - \overline{x_2}) - (\mu_1 - \mu_2)}{\sqrt{\dfrac{s_1^2}{n_1} + \dfrac{s_2^2}{n_2}}}$

② $\mu_1 - \mu_2$ 에 대한 100(1-α)% 신뢰구간

$$CI = (\overline{x_1} - \overline{x_2}) \pm t_{(n_1 - n_2, \frac{\alpha}{2})} \sqrt{\frac{s_1^2}{n_1} + \frac{s_2^2}{n_2}}$$

2) 표본이 서로 종속적일 때(짝진표본)

① $H_0:\ \mu_d = \ \mu_0$, (여기서 $\mu_d = \mu_1 - \mu_2$)
$H_1:\ \mu_d \neq \ \mu_0$

② 검정통계량 $t = \dfrac{\bar{d} - \mu_0}{s_d / \sqrt{n}}$

$$\text{여기서}\quad d_i = x_{i_1} - x_{i_2},\ \ \bar{d} = \frac{\sum d_i}{n}$$

$$S_d^2 = \frac{\sum (d_i - \bar{d})^2}{n-1}$$

■ 모비율에 대한 가설검정

① $H_0:\ p_1 - \ p_2 \ = \ 0$
$H_1:\ p_1 - \ p_2 \ \neq \ 0$

② 검정통계량 $Z = \dfrac{(\widehat{p_1} - \widehat{p_2}) - 0}{\sqrt{\dfrac{\hat{p}\hat{q}}{n_1} + \dfrac{\hat{p}\hat{q}}{n_2}}}$

※ 참고 : 이 경우 두 모집단이 동일한 모비율을 갖고 있다는 의미로 $\hat{p} = \dfrac{n_1\widehat{p_1} + n_2\widehat{p_2}}{n_1 + n_2}$ 을 이용한다.

10
chapter

기업인수 · 합병

기업인수 합병의 문제는 성장전략의 일환으로 기업경영 관점에서 중요시되고 있다. 기업의 성장은 생산과 매출액을 증대시키기 위하여 내부금융에 의하거나 외부자금조달에 의하여 시설투자를 하여 신제품을 생산하는 내부성장방법(internal growth)과 생산 및 마케팅 관련시설을 이미 갖춘 다른 기업을 인수하는 외부성장방법(external growth)이 있다. 내부성장방법(internal growth)은 투자결정, 자금조달결정 등으로 인한 자체성장이며, 외부성장방법(external growth)은 합병 인수 등 자본적 결합을 통한 외적성장이다. 일반적으로 환경변화에 대응할 시간적 여유가 없거나 내부성장이 곤란한 경우에는 외부성장이 더 효과적일 수 있다.

외부성장의 방법으로 널리 이용되는 것이 합병과 인수이다. 기업구조조정으로 기업이 보유하는 자산을 처분하거나, 기업구조조정이 경쟁력제고의 방법으로 활발하게 진행되고 있다. 우리나라도 자본자유화 이후 기업합병 · 인수 거래가 활성화되고 있다.

기업인수·합병은 둘 이상의 기업이 통합되어 기업이 하나 되는 기업합병과 인수대상기업의 주식이나 자산을 취득함으로써 경영권을 취득하는 기업인수로 나누어진다.

기업인수·합병을 하는데는 재무정보가 합병 및 인수, 자산매각 등과 관련한 의사결정에 있어서 필수적이다.

기업인수·합병은 기업의 수익성과 위험구조에 변화를 줄 수 있으며 주주의 부에 많은 영향을 준다.

따라서 인수대상기업의 가치를 평가하거나, 사후의 기업가치를 평가하는 것은 매우 중요하다.

본 장에서는 합병 및 인수, 기업구조 재편성 등 기업인수 거래의 유형과 동기를 분석하고, 기업가치평가 모형들에 기초한 인수대상기업의 가치를 평가한다.

제1절 인수·합병의 유형

기업이 성장하는 방법은 두 가지로 나눌 수 있는데, 하나는 기업내부의 경영활동에 의하여 생산 및 매출액을 증대시키는 내부적 성장이고 또 하나는 다른 기업을 매수 또는 합병하여 생산이나 판매 등의 능력을 확대시켜 가는 외적 성장이다.

우리나라에서도 기업의 구조재편성(restructuring) 일환으로 기업인수·합병(merger & acquisition, M&A)에 관심을 갖게 되었다.

1.1 인수·합병의 유형

기업의 인수·합병은 기업지배권을 목적으로 기업이 다른 기업의 전체 또는 일부를 지배하는 것으로 흡수합병과 신설합병, 주식취득, 자산취득 등이 있다.

1) 합병

흡수합병(merger)은 기업이 다른 기업을 흡수하는 경우를 말한다. 합병 후 기업을 흡수하게 되는 합병회사(acquiring firm)는 피합병회사(acquired firm)의 모든 자산과 채무를 인수받게 된다. 이에 따라 피합병회사는 기업실체로서의 독립성을 상실하게 된다. 법률적으로 두 개 이상의 기업이 한 개의 기업으로 통합되며 흡수합병 기업은 소멸한다.

신설합병(consolidation)은 둘 이상의 기업들이 하나의 새로운 기업으로 결합하게 되는 것을 말한다. 이에 따라 신설합병에서는 합병회사나 피합병회사는 해산되고 새로운 기업을 설립하는 경우로써 신설기업이 해산되는 모든 기업의 채권채무를 인수받는다.

일반적으로 합병이라는 말은 신설합병과 흡수합병을 모두 포함하는 의미로 사용된다.

2) 주식취득

대상기업(targer firm)의 주식의 일부 또는 전부를 주주로부터 취득하는 경우로서 주식분산이 잘 이루어진 경우에는 50% 이하의 지분으로도 기업지배가 가능하다. 이 경우 합병과는 달리 기업으로 존재한다. 주식취득은 주주나 경영자들 사이의 협상에 의해 이루어지기도 하고 증권시장에서 공개매수(tender offer)에 의해 이루어지기도 한다. 공개매수에서는 취득기업이 매수대상기업의 이사회의 승인을 받거나 승인을 받지 않고, 직접 매수대상기업의 주주들에게 현금매수주문을 한다. 따라서 취득기업(매수주문기업)이 일정한 가격으로 지배권을 확보하고자 하는 매수 대상기업의 주식을 공개적으로 매수할 것을 주주들에게 제안한다.

3) 자산취득

자산취득은 두 기업간에 체결된 계약에 따라 한 기업이 상대기업의 전부 또는 일부분을 인수하는 것을 말한다. 즉 대상기업의 모든 자산 또는 핵심적인 자산을 사들임으로써 다른 기업을 취득하는 방법이다. 이것은 소수 주주의 저항을 회피하기 위한 방법으로 사용될 수 있지만 개별자산의 소유권을 이전하는 데에 따른 경비와 번거로운 절차 등의 번거로움이 있다.

4) 기업인수

기업인수(takeover)는 어떤 주주 집단이 기업의 지배권을 취득 또는 인수하는 것을 말한다. 기업인수는 기업의 지배권을 취득하는 것을 의미하므로 위임장투쟁(proxy contest)을 통한 지배권의 획득과 개인기업화(going private)까지 포함한다. 이때 위임장투쟁이란 일부 주주집단이 주주총회에서 자신의 의사를 관철하기 위하여 다른 주주들의 의결권을 위임받아 대리 행사하는 것을 말한다. 한편 개인기업화란 공개기업의 대부분의 주식을 소수의 주주가 사들임으로써 사실상의 개인기업으로 만드는 것을 말한다.

1.2 기업구조 재편성

기업의 인수·합병 못지않게 빈번하게 발생하고 있는 기업거래가 기업구조의 재편성(corporate restructuring)과 관련된 거래이다. 기업구조의 재편성의 유형으로는 기업확장, 사업부문의 처분, 기업분가 그리고 지배권 및 소유구조의 변경 등이 있다. 다음은 기업구조의 재편성과 관련된 것이다.

1) 기업확장

기업확장(expansion)은 합병, 주식취득, 자산취득, 합작투자(joint ventures) 등과 같이 구조재편성을 말한다.

합작투자는 한정된 기간 동안에 기업활동의 적은 일부를 결합하는 것을 말한다. 합작투자에서는 현금과 기타 형태의 투자를 하는 주주들이 독립성을 유지한다.

2) 매각처분

매각처분(sell off)은 기업분가(spin off)와 투자환수(divestiture)로 나눌 수 있다.

기업분가에서는 독립적인 주체를 갖는 새로운 기업이 설립된다. 즉 새로운 기업의 주식은 기업의 기존 주주들에게 그들의 소유지분 비율에 따라 분배되기 때문에 기존 주주들은 모기업의 소유권 비율에 따라 새로운 기업의 소유권을 소유하게 된다. 그러나 새로운 기업의 기업지배권은 모기업의 지배권과 독립적이며 시간이 경과함에 따라 독립적인 의사결정 단위로서 모기업의 영향을 받지 않고 독립적인 경영정책과 전략을 수립한다.

투자환수는 기업의 일부를 외부의 제3자에게 매각하는 것을 의미한다. 매각기업은 현금이나 그에 상응하는 대가를 받는다. 매입자는 일반적으로 현존기업이기 때문에 새로운 법률적 주체가 탄생하지 않는다. 따라서 매입기업의 측면에서 보면, 투자환수는 단순한 기업확장을 의미한다. 투자환수의 변형은 지분매각(equity carve-outs)이다. 이 지분매각은 회사자산의 일부를 따로 떼어 내어 새로운 회사를 설립하고 새 회사의 주식을 발행하여 외부투자자들에게 기업의 일부를 매각하는 것을 말한다. 과거의 기존사업의 일부사업에 대한 소유권을 부여하는 신규주식을 외부투자자들에게 매각한다. 따라서 새로운 법률적 주체로서 새로운 기업이 설립된다. 새롭게 설립된 기업의 지분 소유자들이 모기업의 지분소유자들과 동일할 필요는 없다.

3) 지배권의 변경

일부 주주들이 기업지배권을 확보할 목적으로 시장가격 이상으로 주식을 사 모으는 것을 말한다. 이것을 그린 메일(green mail)이라고 한다. 한편 주식매집과 관련하여 지분정지 협정(standstill agreement)이 체결되는 경우도 있다. 지분정지 협정은 주식을 매각하는 주주가 앞으로 기업에 더 이상 투자하지 않는다는 데 동의하는 자발적 계약을 말한다. 만일 주식매집이 없이 지분정지 협정을 체결한다면, 실질적 주주는 다만 소유권 지분을 더 이상 증가시킬 수 없을 것이다.

반인수부가 조항(anti-takeover amendments)은 합병 및 취득활동을 어렵게 하거나 합병 및 취득에 따른 비용부담을 크게 하기 위하여 회사정관을 개정하는 것을 말한다. 반인수부가 조항에는 ① 합병의결에서 주주들의 일정한 비율 이상(예를 들어, 80%)의 승인을 요구하는 초다수의결규정(super-majority voting provisions), ② 지배권의 변화를 수년 동안 지연시킬 수 있는 임원들에 대한 시차선임 조항, ③ 기업의 지배권이 바뀌어져 경영자의 활동이 중단되는 경우 기존 경영자에게 많은 직위 해지금을 지불하도록 하는 황금 낙하산(golden parachutes)조항과 ④ 주식인수에 의해서 형성되는 새로운 기업의 주식을 상당한 할인조건으로 매입할 수 있는 권리를 주주들에게 부여하는 독약 조항(poison pill)이 포함된다.

4) 소유구조의 변경

소유구조변경의 첫 번째의 형태는 교환제의(exchange offers)를 통하여 이루어진다. 교환제의는 보통주를 부채나 우선주로 교환하거나 상위청구권을 갖는 증권을 보통주로 교환하는 것을 말한다.

보통주를 부채로 교환하면 부채비율이 증가하며, 반대로 부채를 보통주로 교환하면 부채비율은 감소한다. 이것은 기업이 발행한 청구권의 구성을 변경시켜 그 기업의 자본구조를 바꾸는 역할을 한다.

두 번째 형태는 자사주 재매입(share repurchase)이다. 자사주 재매입은 기업이 보통주의 발행주식수의 일부를 다시 매입하는 것을 의미한다. 경우에 따라서는 공개매수를 통하여 자사주 재매입이 이루어지기도 한다. 재매입주식 수의 비율은 적을 수도 있고 많을 수도 있으나, 재매입주식 수의 비율이 많을 경우에는 기업의 소유권 구조를 변화시킨다.

세 번째 형태는 레버리지 사기업화(leveraged butout : LBO)이다. LBO는 자금이 부족한 합병기업이 피합병기업의 사산을 담보로 자금을 조달하여 기업을 매수하는 것을 말한다. 이것은 인수기업이 인수대상기업의 자산을 담보로 자금을 차입하여 대상기업을 인수한 후 그 기업의 이익이나 자산매각대금으로 차입금을 상환해 나가는 인수방법이다.

제 2 절 인수 · 합병의 동기

기업의 인수·합병은 기업의 성장을 위하여 중요한 수단으로 이용되어 왔으며 동기도 다양하다. 인수·합병의 대표적인 동기로 제시되고 있는 것들을 소개한다

2. 1 효율성의 제고

효율성의 제고는 각 기업의 효율성을 함께 최대로 한다는 가정

에서 출발한다.

기업 A 경영이 기업 B 경영 효율성이 높아 기업 A가 기업 B를 취득한다면, 기업 B의 능률성이 기업 A의 수준으로 되어 전체 효율성은 증가된다. 현실적으로 잠재된 능력을 발휘하지 못하는 기업이 존재하기 때문에 합병을 통해 성과를 낼 수 있다. 이와 같은 능률성의 향상은 개별 기업은 물론 사회적 이득이 된다는 점에서 합병의 중요한 동기가 된다. 잠재된 능률을 충분히 발휘하지 못하는 기업이 존재하기 때문에 합병으로 인한 비효율성이 제거되면 창출되는 시너지효과가 있다는 것이다. 예를 들면 상호보완적인 자산을 함께 이용함으로써 시너지효과가 창출된다.

2. 2 시너지효과

합병으로 시너지가 생긴다면 합병 후 기업의 가치는 개별기업의 단순한 합보다 크다는 것이다. 합병에 따라 시너지효과(synergy effect)는 2+2=4가 아니고 2+2=5의 효과로 나타난다는 것이다.

시너지효과가 생긴다면 다음과 같은 부등식이 성립될 것이다.

$$VAB > VA + VB$$

$$\text{Synergy} = VAB - (VA - VB)$$

여기서, VA : 합병 전 기업 A의 가치

VB : 합병 전 기업 B의 가치

VAB : 기업 A와 기업 B가 합병한 후의 가치

기업의 가치는 미래현금흐름을 할인한 현재가치이므로 시너지효과는 다음과 같이 나타낼 수 있다.

$$시너지\ 효과 = \sum_{t=1}^{n} \frac{1}{(1+R)^t} \left[CF_t^{AB} - (CF_t^A + CF_t^B) \right]$$

CF_t^{AB} =합병 후 현금흐름

CF_t^{A} =합병 전 A기업 현금흐름

CF_t^{B} = 합병 전 B기업 현금흐름

한편 시너지효과가 발생하는 이유로는 다음과 같다.

1) 영업시너지

영업시너지(operating synergy)는 생산, 판매, 일반관리 등과 같은 영업활동에서 발생하는 시너지를 말한다. 영업시너지가 얻어질 수 있는 이유로 규모의 경제(economy of scale)를 들 수 있다. 생산단위당 비용을 감소시키기 위해서는 적정량을 생산할 수 있는 규모의 기업이 되어야 하는데, 합병 후 규모를 증대시켜 평균비용을 감소시키는 규모의 경제가 실현되면 생산원가의 절감을 가져온다. 예를 들면 동종산업에 속하는 기업들의 수평적 통합은 규모의 경제성을 추구한다. 전국적인 마케팅 조직을 확보함으로써 고객에 대한 서비스를 향상시킴으로써 마케팅 분야에서도 규모의 경제성이 실현될 수 있다. 이와 같이 중복되는 생산시설의 통합, 마케팅에서의 규모의 경제성을 이룰 수 있다.

한편 산업의 서로 다른 생산단계에 있는 기업을 결합함으로써 생산단계를 보다 능률화시킬 수 있기 때문에 수직적 통합을 통하여 거래비용을 피할 수 있을 것이다. 생산과정이나 판매경로상의 전후단계에 있는 기업들이 합병하는 경우이다. 예를 들어, 레미콘 회사를 인수한 건설회사는 레미콘을 보다 안정적이고 저렴하게 공급받을 수 있을 것이다.

2) 재무시너지

두 기업의 수익률의 상관계수가 1보다 작을 때 두 개의 기업을 합병하면 위험이 감소한다. 또한 파산위험의 감소를 가져온다. 파산위험에 처한 기업이 인수기업의 자금지원으로 파산을 피할 수 있다. 이와 같이 합병으로 인하여 현금흐름의 변동성, 즉 위험이 감소할 경우 재무시너지(financial synergy)가 얻어질 수 있다. 이러한 위험의 감소와 파산가능성의 감소는 자본비용의 하락 및 기업가치의 상승을 가져오고 나아가 차입 능력의 증가 및 법인세절약효과를 가져온다.

한편 기업합병으로 인한 기업규모가 증가하면 자본조달 규모도 증대된다. 합병으로 기업규모가 대형화되면 차입비용의 감소와 주식발행비용이 저렴해지는 이점을 기대할 수 있다.

또한 성장기회를 이용할 수 있는 경우에도 재무시너지효과를 볼 수가 있다. 어떤 기업이 여유자금을 충분히 가지고 있지만 좋은 투자기회를 갖고 있지 못하고, 다른 회사는 좋은 투자기회를 가지고 있으면서 여유자금이 부족한 경우, 두 기업을 합병한다면 성장기회를 포착하여 재무시너지를 얻을 수 있을 것이다.

합병에 따르는 자본비용의 감소와 부채조달의 이점을 재무시너지효과라 한다.

3) 전략적 우위

기업은 자기기업의 취약한 부분을 보완하고자 하는 전략적 목적을 달성하기 위하여 다른 기업을 인수 또는 합병할 수 있다. 경쟁적인 기업환경에서 두 회사가 합병함으로써 전략적 우위를 확보할 수 있다.

예를 들어, 세탁기 생산회사가 컴퓨터회사를 합병한다면 컴퓨터를 이용한 세탁기를 생산하는데 전략적 우위를 가질 수 있다. 기업

A는 연구개발이 강하고 마케팅 부분에 약하며, 기업 B는 마케팅 부문이 강하고 연구개발 부문에 약하면 합병이 두 기업의 취약점을 서로 보완해 준다.

2. 3 기업가치의 저평가

만약 어떤 기업의 시장가치가 저평가되어 있다면 그 기업은 인수·합병의 표적이 될 수 있을 것이다. 왜냐하면 그런 기업을 인수하게 되는 회사는 자본이득을 얻을 수 있기 때문이다.

저평가가설은 자본시장의 불완전성에 기초한다. 시설확장을 원하는 기업은 새로운 회사를 설립하는 방안과 기존기업을 합병하는 것 중 하나를 택할 수 있다. 기업가치가 저평가되었다면 풍부한 자금능력을 가지고 있는 기업은 저평가된 기업을 인수하여 자본이득을 얻을 수 있을 것이다.

기업의 시장가치가 그 기업의 취득하기 위하여 지불해야 하는 재취득원가(replacement cost)보다 낮다면 그 기업을 새로이 설립하기보다는 시장가치를 지불하고 그 기업을 인수하는 것이 유리하다. 기업의 시장가치에 대한 재취득원가의 비율을 q비율이라고 한다.

q비율 = 기업의 사장가치/기업의 취득원가

q비율이 낮다면 그 회사의 시장가치는 저평가되어 있다는 것을 의미하며 다른 기업에 의한 인수·합병의 표적이 될 수 있다.

2.4 대리인문제

소유와 경영의 분리는 주주부의 극대화에 배치되는 경영자에 행동에 대한 주주의 감시비용이나 경영자의 특권적 소비에 대한 대리비용을 발생시킨다. 일반적으로 기업의 주체인 주주와 경영권을 위임받은 대리인인 경영자와는 서로 간에 이해가 상충될 수 있는데 이와 같은 상충된 이해관계로부터 야기되는 문제를 대리인문제라고 한다. 대리인문제(agency problem)는 경영자가 주식을 적게 소유하면서 경영자가 적극적으로 경영에 임하지 않고 특권적 소비를 함으로써 일어난다.

경영자는 주식을 많이 보유할 때보다 덜 활동적으로 일하거나 특권적 소비(호화스러운 자동차등 개인적인 소비)를 하는 원인이 된다. 그러나 소유권이 널리 분산된 기업에서 일반 주주들이 경영자들의 행동을 감시하는 데 실질적인 어려움이 있다.

이와 같은 대리인문제를 해결하는 수단 중의 하나가 기업인수이다. 기업인수의 가능성이 존재하면 경영자들은 건전하게 기업경영을 하려고 노력하게 된다. 왜냐하면 기업인수에 대한 위협을 받게 된다. 한편 주주들은 경영자들을 감시하는데 드는 비용을 인수·합병의 위협으로 경영진에 감독기능을 대신하여 대리인 문제를 감소시킨다. 예를 들어 경영자들의 비 효율적인 경영활동으로 기업가치가 하락하면 인수대상기업이 될 확률이 커진다.

한편 대리인문제의 일종으로 경영자주의(managerialism)이론이다. 경영자들은 기업규모를 확대시키는 것이 능력과시이며 자산의 위치를 강화시키는 수단이 된다고 가정한다. 만약 기업규모가 클수록 경영자들의 보수가 크게 된다면, 경제적 가치가 낮더라도 기업을 인수 또는 합병하여 기업규모를 증가시키고 자신의 보수를 크게 하려 한다는 것이다. 그 수단으로 인수 · 합병을 이용할 수 있을 것이다.

2. 5 시장지배력

다른 기업을 합병함으로써 시장에서 시장점유율의 독점적 지위를 가질 수 있다면 독점적이윤을 얻을 수 있다. 따라서 시장점유율이 확대를 통한 독점이윤의 추구를 위하여 기업의 인수 · 합병이 이루어질 수 있다.

2. 6 세금요인

합병은 세금을 경감시킬 수 있다. 합병과 관련해 세금절감의 동기는 자본이득세의 차이, 이월결손금의 승계가능성이 있다. 자본이득세율이 낮은 경우 배당지급이 적거나, 배당을 지급하지 않는 성장기업을 인수한 후에 자본차익을 실현시키기 위하여 매각함으로써 소득세를 자본차익세로 대체하는 방법이다.

또 다른 세금 동기는 누적된 과세손실(tax losses)을 갖는 기업의 매각이다.

이익이 많이 나는 회사가 거액의 이월결손금을 가지고 있는 회사를 인수하게 되면 합병회사는 이월결손금을 손금으로 처리여 법인세를 절약할 수 있다.

제3절 인수·합병의 방법

기업의 인수·합병에 흔히 사용되는 방법은 협상에 의한 방법, 공개매수에 의한 방법, LBO에 의한 방법, 지주회사를 설립하는 방법, 합작투자에 의한 방법 등이 있다. 먼저 어떤 회사가 다른 회사를 인수·합병하려면 적절한 대상기업을 선정하고 인수·합병을 위한 전략을 수립해야 한다. 일반적으로 인수·합병으로는 동일업종의 다른 기업에 비하여 주가수익비율(PER)이 낮은 회사, 보유자산의 가격상승이 주가에 제대로 반영되어 있지 않아 저평가되어 있는 기업, 부채비율이 낮아서 차입능력의 여유가 큰 기업, 경영진이 무능하거나 보수적이어서 경영성과가 좋지 않은 기업으로서 경영진을 개편하면 실적이 호전될 가능성이 있는 기업, 풍부한 현금흐름이 기대되는 기업 등을 들 수 있다.

3.1 협상 방법

기업의 인수·합병에서 가장 널리 사용되고 있는 방법 중의 하나는 협상에 의한 방법이다. 즉, 합병 당사 회사의 경영자 또는 대주주가 직접 협상을 벌이고 협상결과에 대하여 주주총회의 승인을 받는 방법이다. 이 방법은 쌍방의 경영자 또는 대주주가 충분할 정도의 기업지배권을 장악하고 있는 경우에 사용된다.

일반적으로 협상에 의한 기업인수는 회사 쌍방이 합병 또는 인수의 필요성에 대하여 공감함으로 대부분 우호적 기업인수(friendly takeover)에 속한다.

만약 우호적인 방법으로 인수·합병의 협상을 할 수 없을 때는 적대적 기업인수(hostile takeover)의 방법을 취하기도 한다.

한편 기업의 인수·합병에 관한 협상에서 가장 중요한 사항은 인수·합병 시 지급하여야 할 금액과 지급방법이다. 인수 대상회사의 자산과 부채에 대한 공정한 가치평가와 주식의 교환비율(exchange ration)이다.

두 회사 주주 모두가 만족할 수 있도록 교환비율이 결정되려면 합병 당사회사의 양 주주가 합병에 의하여 부의 감소가 없도록 결정되어야 한다.

[예세] 교환비율의 결정

A기업이 B기업을 주식교환에 의해 흡수합병하기로 한 경우, 교환비율 ER(exchange ration)을 계산하라? 두 회사의 합병 전의 자료가 다음과 같다.

	순이익	주식수(N)	주당이익 (EPS)	주가 (P)	주가수익비율 (PER)
A기업	30만원	100	2,000원	20,000원	10
B기업	30만원	100	2,000원	40,000원	20

A기업이 B기업을 합병한 후 합병에 의하여 특별한 시너지가 발생하지 않는 한, 기업의 순이익은 합병 전 순이익의 합계인 60만원이 될 것이다. 그리고 교환비율이 ER이므로 합병 후 기업의 주식수는 100주 + ER × (100주)와 같게 된다. 따라서 합병 후 기업의 주당이익(EPS)은 다음과 같다.

EPS = 60만원/100주 + 100주 × ER

① 합병 후 주가수익비율(PER)이 30배일 것으로 예상될 때 :

기업의 주당이익 1원이 30원의 주가로 평가된다면, 합병 후 주가는 다음과 같다.

합병 후 기업의 주가 $=(60\text{만원}/100\text{주}+100\text{주}\times ER)\times 30$

합병 전에 A기업 주식을 1주만큼 소유하였던 주주들은 합병 후에도 기업 주식 1주를 갖는다.

따라서 합병으로 A기업 주주의 부가 유지되거나 증가하려면, 합병 전의 A기업의 주가 이상의 수준이 되어야 한다.

$[\ 60\text{만원}/(100\text{주}+100\text{주}\times ER)\ \ ]\times 30\geq 2\text{만원}$

$ER\leq 8$

따라서 A기업 주주는 B기업 주식 1주에 대하여 5주 이하의 A기업1 주식을 교환하여 줄 수 있다.

다른 한편으로 B기업 주주의 입장에서 교환비율을 결정하여 보자. 합병 전에 B기업 주식 1주를 소유하였던 주주들은 합병 후에 기업 주식을 ER주만큼 소유하게 된다. 따라서 합병으로 B기업 주주의 부가 유지되거나 증가하려면, 합병 후 기업의 주가에 ER을 곱한 값이 합병 전의 B기업의 주가 이상의 수준이 되어야 한다.

$[\ 60\text{만원}/(100\text{주}+100\text{주}\times ER)\times 30\ ]\times ER\geq 4\text{만원}$

$ER\geq 0.28$

따라서 B기업 주주는 B기업 주식 1주에 대하여 0.28주 이상의 기업1 주식을 교환받기를 바란다.

합병으로 A기업과 B기업의 주주 모두의 부를 유지하거나 증가시키기 위해서는 교환비율이 0.28과 8.0 사이에서 결정되어야 한다.

[예제] 교환비율의 결정

A기업이 B기업을 주식의 시장가격으로 흡수합병하기로 한 경우, 교환비율 ER(exchange ration)을 계산하라? A기업이 B기업을 합병한 후 각 기업의 주당이익을 계산하라? 두 회사의 합병 전의 자료가 다음과 같다.

	순이익	주식수 (N)	주당이익 (EPS)	주가 (P)	주가수익비율 (PER)
A기업	200만원	50만주	400원	6,400원	16
B기업	50만원	20만주	250원	5,000원	20

A기업이 B기업을 합병한 후 합병에 의하여 특별한 시너지가 발생하지 않는 한,

ER=5,000/6,400=0.78

합병한 후 A기업과 B기업의 주주들의 주당이익을 계산하라?

합병 후 주당이익=250만원/(50만주+20만주×0.78)=381원

A기업의 주당이익=400원에서 감소

B기업의 주당이익= =250원에서 증가

3. 2 공개매수

인수·합병 대상기업의 주식을 주주로부터 공개적으로 취득하는 행위를 공개매수라 한다. 따라서 먼저 일정기간에 일정한 대가를 지급하고 대상기업의 주식을 매수하겠다는 의사를 주주들에게 제시하고 주식을 팔려는 주주가 있으면 주식을 사들인다. 주주들이 응해 주면 공개매수가 성공하게 된다.

일반적으로 협상에 의하여 인수·합병이 완만하게 이루어지지 않을 때 공개매수를 택하게 되는 경우가 많으므로 대부분의 공개매수는 적대적 기업인수(hostile takeover)에 속하게 된다. 이럴 경우 쌍방이 적대적인 상황에서 공개매수가 이루어지므로 공격자측은 매우 높은 프리미엄을 지불하고 대상기업을 매수하려 한다. 공개매수에서 중요한 것은 인수가격인데 얼마나 많은 프리미엄을 지불하고 경영권을 차지하는가의 문제이다.

한편 인수·합병의 대상기업 입장에서는 공개매수의 공격을 방어하기 위하여 다음과 같은 방어수단을 사용하기도 한다.

① **자본구조의 재구성**(recapitalization) : 기업인수의 공격을 막기 위하여 일부 소액 주주들의 주식을 현금 또는 회사채로 교환하여 자본구조를 변경한다.

② **왕관의 보석**(the crown jewel) : 외부에서 기업을 인수하려고 할 때 핵심적인 자산을 매각·처분해 버림으로써 기업인수의 공격을 피하거나 제3의 회사를 설립하여 매각함으로써 인수를 방해하는 방법이다.

③ **독약제공**(poison pills) : 공개 매수가 이루어질 경우 손해 보

게 만들어 매수의도를 저지시키는 전략이다. 즉 기업을 인수할 경우 인수자에게 불리한 규정을 만들어 기업인수의 공격을 피하는 방법이다. 예를 들면 자기회사 또는 합병회사의 주식을 매우 저렴한 가격으로 사들일 수 있는 콜옵션(call-option)을 주주들에게 주는 규정을 정한다든지 거액의 퇴직금을 지급하는 계약을 체결해 합병을 저지하는 전략이다.

④ **정관의 개정** : 인수·합병 거래에 대한 승인은 상향조정하여 절대 다수의 승인을 요하도록 하거나 이사진의 임기를 분산시켜 인수·합병 후에 경영진을 한꺼번에 경질시키지 못하도록 정관을 개정하는 방법이다.

⑤ **백기사(white knight)** : 공개매수의 목표로 되어 있는 기업을 구출해 내는 기업을 말한다. 공개매수에 의한 적대적인 인수공격을 받을 때 자신들에게 우호적인 제3자에게 우호적인 인수합병을 제의함으로써 현 경영진이 경영자의 지위를 유지하는 방법이다.

3.3 LBO

인수자가 대상기업의 자산이나 미래수익을 담보로 자산가격의 대부분을 차입하여 대상 기업을 인수한 다음, 채권의 발행이나 대상기업의 운용으로 얻어지는 현금흐름으로 차입금을 상환하는 방법이다. 이러한 차입에 의한 기업인수에서 차입금으로 조달하는 대금의 비중은 70% 내지 90%에 달한다

LBO(leveraged buyout)에 의한 기업인수는 일부 주주집단이나 다른 기업에 의해 시도될 수도 있지만 현재의 경영진에 의해 시도될 수 있다. 만약 정보가 비대칭이고 주식의 시장가격이 저평가되어 있는 경우에는 경영자가 분산 소유되어 있는 주식을 인수하여 개인 기업화하는 방법으로 LBO를 시도하는 경우가 있다.

LBO는 대부분의 인수자금을 차입에 의해 조달하기 때문에, 인수자는 자금부담 없이 기업을 인수할 수 있는 이점이 있는 반면 재무구조가 악화될 위험이 있다. 다시 말하면 비교적 적은 자기자본만으로 기업인수를 시도할 수 있을 뿐만 아니라 보다 적은 자기자본으로 보다 큰 자본이득을 얻어내는 레버리지효과를 얻을 수 있는 장점이 있다.

제 4 절 기업합병의 재무적 평가

합리적인 기업인수를 위한 분석과정이 필요한데, 과정은 계획(planning), 탐색 및 선별(search and screen), 재무적 평가(financial evaluation) 단계로 나눈다. 이중에서 재무적 평가과정은 인수대상기업에 대한 인수가격과 인수조건을 결정하기 위한 것인데 가장 중요하다. 재무적 평가를 내릴 때 고려되는 요소는 시너지효과, 성장잠재력, 상대적 규모, 자산 가치, 자본비용, 부채차입능력, 영업위험, 유동성, 주당이익 등이다.

4. 1 기업가치 평가방법

합병의 성공여부는 합병의 기대이익 수준과 합병비용인 인수가격 및 합병조건에 달려 있다. 인수가격이 너무 높거나 합병조건이 불리하면 성공적인 합병이라고 할 수 없다. 따라서 합병대상기업의 가치를 평가하여 인수가격을 산정하고 합병조건을 결정하는 것이 매우 중요하다.

합병대상기업의 가치를 평가하는 방법으로는 다음 몇 가지를 들

수 있다.

1) 수익가치의 평가

인수대상기업의 가치는 미래의 이익발생 능력이 있느냐에 달려 있다.

즉, 미래 각 t시점에서 예상되는 배당흐름을 적절한 할인율로 할인한 현재가치가 이론적 주식가치이다. 따라서 인수대상기업의 주식가치는 다음과 같은 주식평가모형을 이용하여 추정할 수 있다.

$$P_0 = \sum_{t=1}^{n} \frac{d_t}{(1+k)^t}$$

여기서, P_0 : 현재 주식의 가치
d_t : t기에서의 배당
k : 할인율(주식투자자들의 요구수익률)

2) 자산가치의 평가

인수대상기업의 주식가치를 구하는 다른 방법의 하나는 그 기업의 자산 가치에 근거하여 평가하는 방법이다.

대차대조표상에서 기업의 총자산 중 총부채를 차감한 순자산이다. 따라서 보통주 한 주에 귀속될 자산 가치를 구하기 위해서 순자산을 발행주식수로 나누어 주당 순자산가치를 계산한다.

$$P_0 = (\text{총자산} - \text{부채}) / \text{주식수}$$

대차대조표로부터 보통주 주주에게 귀속될 자산 가치를 추정하는 것은 역사적 원가회계에 근거한 것이므로 미래 수익발생능력을 반영한 것이 아니다.

토지, 건물 등 고정자산의 시가와 장부가격과의 차이가 많으므로 이 평가방법의 적용은 진정한 기업 가치를 반영하지 못한다는 한계점이 있다. 고정자산의 시가와 장부가액과의 차이가 큰 경우는 다음과 같이 대체원가(replacement cost)로 평가된 자산 가액을 사용한다.

P_0 =(대체원가로 평가된 자산액-부채)/주식수

3) 주가수익비율(PER), 주당순자산배율(PBR), q비율의 이용

인수대상기업의 주식가치를 구하는 다른 한 방법은 증권실무에서 널리 이용되고 있는 주가수익비율, 주당순자산배율, q비율과 같은 투자지표를 활용하는 것이다.

주가수익비율은 수익가치를 감안한 경우의 상대적 주가수준을 나타내는 지표이고, 주당 순자산배율은 자산가치를 감안할 경우의 상대적 주가수준을 나타내는 지표이다.

합병 후의 성장성, 위험, 시너지효과를 고려한 합병 후의 주가는 합병 후 예상 PER(주가수익배율)을 추정하여 계산한다. 주가수익비율을 주식가치평가에 활용하는 것은 다음과 같이 예상 주가수익비율에 주당이익을 곱하여 구하는 방법이다.

$P = PER \times EPS$

EPS : 주당이익

PER을 구하는 방법으로 영업성격·기업규모·유사 기업의 PER을 대용하는 방법, 동종 산업의 평균 PER을 이용하는 방법, 과거 수년간의 평균 PER을 이용하는 방법 등이 이용된다.

PER지표를 이용하여 주식가치를 추정하는 것은 간편하다는 점

과 비상장 회사의 경우도 유사기업의 대용 PER을 적용하여 주식가치를 구할 수 있다는 장점이 있다.

한편 PBR 지표를 주식가치평가에 활용하는 것은 PER지표와 마찬가지로 정상적 PBR에 주당 순자산(BPS)을 곱하여 주식가치를 추정한다.

$$PBR = \frac{\text{주식가격}}{BPS}$$

$$P = PBR \times BPS$$

BPS : 주당 순자산(주당 장부가치)

PBR을 추정하는 작업은 자산이용의 효율성 등이 유사한 대용기업 PBR을 이용하는 방법, 산업평균 PBR을 이용하는 방법, 주요 재무 비율을 추정하여 구한다.

토빈(J. Tobin)이 제시한 'q'비율(q ration)은 증권시장에서의 자산의 시장가격을 실물시장에서의 자산의 대체원가로 나눈 비율이다. 따라서 자산에 대한 증권시장에서의 평가액과 실물시장에서의 평가액의 차이를 뜻한다.

q비율 = 증권시장에서의 평가액/실물시장에서의 평가액

q비율은 이 두 가지 시장에서의 평가의 괴리정도를 나타낸 것이다. 따라서 이 비율이 1보다 적으면 적을수록, 실물자산의 직접취득보다는 M&A방법이 더 경제성이 있음을 뜻한다.

q비율을 이용하는 방법은 간단한 지표를 통해서 M&A의 경제성을 쉽게 판단할 수 있다는 장점이 있다

4) 자본예산기법에 의한 평가

인수·합병 대상기업의 가치를 구하는 보편적 방법은 합병으로 인하여 기대되는 증분현금흐름의 할인가치(discounted cash-flow : DCF)를 구하여 평가하는 것이다. 인수·합병의 의사결정은 시설투자와 같은 유형의 투자결정문제로 볼 수 있으므로 자본예산안에 대한 경제성평가방법인 자본예산기법(capital budgeting technique)을 그대로 적용해 볼 수 있기 때문이다.

이 방법으로 합병으로 인한 증분의 현금흐름을 측정하고 이에 대한 적절한 할인율을 적용한, 현재가치를 구하는 것이므로 증분현금흐름의 추정과 할인율의 추정 두 가지가 가장 중요한 작업이 된다.

합병후 β계수

$$\beta_P = w_X\beta_X + w_Y\beta_Y$$

합병후 자기자본비용

$$k_e = R_f + [E(R_m) - R_f]\beta_P$$

$$k = k_d(1-t)\left(\frac{D}{D+E}\right) + k_e\left(\frac{E}{D+E}\right)$$

$$\text{합병이득의 현가} = \sum_{t=1}^{n} \frac{1}{(1+k)^t}\ [\Delta \mathrm{CF}_t\ \ ]$$

CF_t = 합병 후 현금흐름 증분

제 5 절 기업인수 · 합병과 투자분석

일반적으로 인수·합병의 목표가 된 기업은 비정상적인 주가행태를 보인다는 것이 실증연구에 의하여 밝혀졌다.

5.1 기업인수 · 합병의 발표와 주가

인수목표가 된 기업은 상당한 주가상승을 보이고 있다. 만약 인수목표가 될 가능성이 있는 기업의 주식은 초과수익을 올릴 수 있을 것이다.

기업의 인수·합병 및 구조재편성의 결정이 발표되면 인수대상기업의 주가가 크게 상승하고, 사업부문의 처분이나 기업분가의 경우에는 자산을 매각 또는 분할하고자 하는 기업의 주가도 상승한다.

이 분야의 실증연구에서는 대부분 누적초과수익률을 이용하여 발표당일을 기준으로 수일간 주가변화를 조사했는데 인수대상 기업들의 주가가 기업인수 제안에 대하여 긍정적으로 반응한다.

일반적으로 실증결과는 다음과 같다.

첫째, 합병, 인수관련거래에 있어서 제의기업보다는 인수대상기업의 주가가 크게 올라간다.

둘째, 목표기업의 주가는 발표기간 중 큰 폭으로 올라 합병·인수에 관한 정보가 증권시장에서 비대칭정보로 남아 있다.

셋째, 하나의 목표기업을 두고 다수의 기업이 인수경쟁을 벌일 경우 목표기업에 대하여 인수를 시도하는 기업의 수가 하나인 경우

보다는 다수인 경우에 목표기업의 주가는 큰 폭으로 오른다.

[합병예제]

A기업은 B기업을 합병하려고 한다. 자산규모는 A기업이 B기업의 2배이다. 시너지 효과는 없으며 무위험자산 수익률은 10%이다.

	기대수익률	표준편차	시장수익률과 상관계수
A기업	10%	0.36	0.1
B기업	15%	0.25	0.3

시장포트폴리오 기대수익률과 표준편차는 (14%, 0.05)

(1) 합병 후 기대수익률과 위험을 계산하시오?

$E(aX+bY)=aE(X)+bE(Y)$

$=2/3\times 10\%+1/3\times 15\%=11.7\%$

$Var(w_1X+w_2Y)=w_1^2 Var(X)+w_2^2 Var(Y)+2w_1w_2Cov(X,\ Y)$

$=(2/3)^2(0.36)^2+(1/3)^2(0.25)^2+2\times 2/3\times 1/3\times(0.0027)=0.0778$

$\sigma=0.27$

$Cov(X,\ Y)=\beta_X{}^*\ \beta_Y{}^*\sigma_M^2=0.72\times 1.5\times(0.05)^2=0.0027$

$\sigma_{ij}=E[(r_i-E(r_i))(r_j-E(r_j)]$

$\because r_i=\alpha_i+\beta_i r_m+\epsilon_i$

$\beta_i=COV(R_i\cdot R_m)/Var(R_m)$

$=\sigma_i\sigma_m\rho_{im}/Var(R_m)$

(2) 합병후 β계수와 필수 수익률을 계산하시오?

$\beta_P=w_X\beta_X+w_Y\beta_Y=2/3\times 0.72+1/3\times 1.5=0.91$

$$\because \beta_P = \frac{Cov(r_P,\ r_m)}{Var(r_m)}$$

$$r_P = w_X r_X + w_Y r_Y$$

필수수익률

$$k = R_f + [E(R_m) - R_{f]}\beta_P = 0.1 + 0.04(0.915) = 13.6$$

(3) 합병 후 이익이 있는지를 분석하라?
필수수익률이 기대수익률보다 크므로 합병이 손해이다.

[예제] A주식과 B주식의 자료가 다음과 같이 주어졌다. A주식과 B주식의 상관계수는=0.5 시장수익률의 표준편차는 0.1이다.

주식	시장수익률과의 상관계수	표준편차
A주식	0.0	0.1
B주식	0.5	0.2

A주식과 B주식의 β계수를 계산하라?

$$\beta_i = COV(R_i \cdot R_m) / Var(R_m)$$
$$= \sigma_i\, \rho_{im} / \sigma_m$$

A주식과 B주식의 공분산을 계산하라?

$$COV(r_a \cdot r_b) = \sigma_a \sigma_b \rho_{ab} = 0.5 \times 0.1 \times 0.2$$

A주식과 B주식의 공분산을 β계수를 이용하여 계산하라?

$$COV(r_a \cdot r_b) = \beta_a{}^* \ \beta_b{}^* \ \sigma_M^2 = 0 \times 1.0 \times (0.1)^2 = 0.0$$

A주식과 B주식에 40%, 60%를 투자할 때 β계수를 계산하라?

$\beta_P = w_X \ \beta_X + w_Y \ \beta_Y$

$= 0.4 \times 0 + 0.6 \times 1.0 = 0.6$

$$\beta_P = \frac{Cov(r_p,\ r_m)}{Var(r_m)}$$

$$= \frac{Cov[(w_1 r_1 + w_2 r_2 \quad + + \quad w_n r_n), r_m]}{Var(r_m)}$$

A주식과 B주식에 40%, 60%를 투자할 때 분산을 계산하라?

$(0.4)^2(0.1)^2 + (0.6)^2(0.2)^2 + 2 \times (0.4)(0.6)(0.5)(0.1)(0.2) = 0.02$

[예제] A기업은 B기업을 흡수합병하려고 한다.

	A기업	B기업
당기순이익	10억	1억
주식수	50만주	25만주
주가	20,000원	4,000원

(1) A기업과 B기업의 PER를 계산하시오?

A기업 = 20.000/2,000 = 10

(2) B기업 주식에 대하여 30% 프리미엄을 지급한다고 할 때 주식교환비율을 계산하시오?

(4,000 × 1.3)/20,000 = 0.26

(3) 합병 후 각 기업들의 주식 EPS를 계산하시오?

(10억+1억)/(50만주+25만주 × 0.26) =1,947원

A기업 EPS=1,947원(2,000원에서 감소)

B기업 EPS=19,47 × 0.26=506원(400원에서 증가)

(4) 합병 후 1억원 시너지 효과가 있을 때 A기업 주주가 수용할 수 있는 교환비율을 계산하시오?

(10억+1억+1억)/(50만주+25만 × 교환비율) ≥ 2,000원

교환비율 ≤ 0.4

[예제] A기업은 B기업을 흡수합병하려고 한다.

두 기업은 무부채기업이고 영업현금흐름은 일정하다.

합병 후 세후영업현금흐름은 12,000만원 예상하고 B기업 주주들은 인수대가로 12,500만원을 요구한다. 시장수익률은=20%, 무위험수익률은=10%, 법인세 40%이다.

	A기업	B기업
세후영업현금흐름	7,500만원	3,000만원
발행주식수	10,000주	5,000주
베타	1.5	2

(1) 합병의 시너지효과를 계산하시오?

합병 전 A기업 자기자본비용 $= k = R_f + [\ E(R_m) - R_f\ ]\beta_P$

$= 0.1 + (0.2 - 0.1) \times 2 = 30\%$

합병 전 A기업가치 $= (EBIT(1-t))$/자기자본비용

$= 3{,}000/0.3 = 10{,}000$만원

합병 전 B기업 자기자본비용 $= 0.1 + (0.2 - 0.1) \times 1.5 = 25\%$

합병 전 B기업가치=7,500/0.25=30,000만원

합병 후 자본비용=0.25 × 0.75+0.3 × 0.25=0.26

시너지효과=1,500/0.26=5,714만원

(2) 인수프리미엄과 A기업의 합병으로 인한 순현가를 계산하시오?

12,000-10,000=2,500만원

합병으로 인한 현가=5,714-2,500=3,214만원

[예제] 교환비율의 결정

A기업이 B기업을 주식교환에 의해 흡수합병하기로 한 경우, 합병 후 주가수익비율(PER)이 12배일 것으로 예상될 때 교환비율 ER(exchange ration)을 계산하라? 두 회사의 합병 전의 자료가 다음과 같다.

	순이익 (X)	주식수 (N)	주당이익 (EPS)	주가 (P)	주가수익비율 (PER)
A기업	20만원	100	2,000원	20,000원	10
B기업	20만원	100	2,000원	40,000원	20

합병 후 기업의 주가 =(40만원/100주+100주 × ER) × 12

합병 전에 A기업 주식을 1주만큼 소유하였던 주주들은 합병 후에도 기업 주식 1주를 갖는다.

따라서 합병으로 A기업 주주의 부가 유지되거나 증가하려면, 합병 전의 A기업의 주가 이상의 수준이 되어야 한다.

[40만원/(100주+100주 × ER)] × 12 ≥ 2만원

$ER \leq 1.4$

따라서 A기업 주주는 B기업 주식 1주에 대하여 1.4주 이하의 A 기업1 주식을 교환하여 줄 수 있다.

다른 한편으로 B기업 주주의 입장에서 교환비율을 결정하여 보자. 합병 전에 B기업 주식 1주를 소유하였던 주주들은 합병 후에 기업 주식을 ER주만큼 소유하게 된다. 따라서 합병으로 B기업 주주의 부가 유지되거나 증가하려면, 합병 후 기업의 주가에 ER을 곱한 값이 합병 전의 B기업의 주가 이상의 수준이 되어야 한다.

$$[\ 40\text{만원}/(100\text{주}+100\text{주} \times ER)\ ] \times 12 \times ER \geq 4\text{만원}$$

$$ER \geq 5$$

따라서 B기업 주주는 B기업 주식 1주에 대하여 5주 이상의 A기업 주식을 교환받기를 바란다. 따라서 협상이 불가능하여 합병이 불가능하다.

부 록

1. 표준정규분포표
2. t분포
3. 복리이자요소
4. 현가이자요소
5. 연금의 복리이자요소
6. 연금의 현가이자요소

1. 표준정규분포표

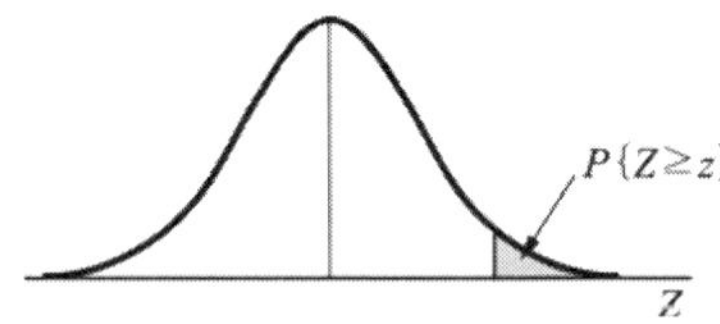

z	0.00	0.01	0.02	0.03	0.04	0.05	0.06	0.07	0.08	0.09
0.0	0.5000	0.4960	0.4920	0.4880	0.4840	0.4801	0.4761	0.4721	0.4681	0.4641
0.1	0.4602	0.4562	0.4522	0.4483	0.4443	0.4404	0.4364	0.4325	0.4286	0.4247
0.2	0.4207	0.4168	0.4129	0.4090	0.4052	0.4013	0.3974	0.3936	0.3897	0.3859
0.3	0.3821	0.3783	0.3745	0.3707	0.3669	0.3632	0.3594	0.3557	0.3520	0.3483
0.4	0.3446	0.3409	0.3372	0.3336	0.3300	0.3264	0.3228	0.3192	0.3156	0.3121
0.5	0.3085	0.3050	0.3015	0.2981	0.2946	0.2912	0.2877	0.2843	0.2810	0.2776
0.6	0.2743	0.2709	0.2676	0.2643	0.2611	0.2578	0.2546	0.2514	0.2483	0.2451
0.7	0.2420	0.2389	0.2358	0.2327	0.2296	0.2266	0.2236	0.2206	0.2177	0.2148
0.8	0.2119	0.2090	0.2061	0.2033	0.2005	0.1977	0.1949	0.1922	0.1894	0.1867
0.9	0.1841	0.1814	0.1788	0.1762	0.1736	0.1711	0.1685	0.1660	0.1635	0.1611
1.0	0.1587	0.1562	0.1539	0.1515	0.1492	0.1469	0.1446	0.1423	0.1401	0.1379
1.1	0.1357	0.1335	0.1314	0.1292	0.1271	0.1251	0.1230	0.1210	0.1190	0.1170
1.2	0.1151	0.1131	0.1112	0.1093	0.1075	0.1056	0.1038	0.1020	0.1003	0.0985
1.3	0.0986	0.0951	0.0934	0.0918	0.0901	0.0885	0.0869	0.0853	0.0838	0.0823
1.4	0.0808	0.0793	0.0778	0.0764	0.0749	0.0735	0.0721	0.0708	0.0694	0.0681
1.5	0.0668	0.0655	0.0643	0.0630	0.0618	0.0606	0.0594	0.0582	0.0571	0.0559
1.6	0.0548	0.0537	0.0526	0.0516	0.0505	0.0495	0.0485	0.0475	0.0465	0.0455
1.7	0.0446	0.0436	0.0427	0.0418	0.0409	0.0401	0.0392	0.0384	0.0375	0.0367
1.8	0.0359	0.0351	0.0344	0.0336	0.0329	0.0322	0.0314	0.0307	0.0301	0.0294
1.9	0.0287	0.0281	0.0274	0.0268	0.0262	0.0256	0.0250	0.0244	0.0239	0.0233
2.0	0.0228	0.0222	0.0217	0.0212	0.0207	0.0202	0.0197	0.0192	0.0188	0.0183
2.1	0.0179	0.0174	0.0170	0.0166	0.0162	0.0158	0.0154	0.0150	0.0146	0.0143
2.2	0.0139	0.0136	0.0132	0.0129	0.0125	0.0122	0.0119	0.0116	0.0113	0.0110
2.3	0.0107	0.0104	0.0102	0.0099	0.0096	0.0094	0.0091	0.0089	0.0087	0.0084
2.4	0.0082	0.0080	0.0078	0.0075	0.0073	0.0071	0.0069	0.0068	0.0066	0.0064
2.5	0.0062	0.0060	0.0059	0.0057	0.0055	0.0054	0.0052	0.0051	0.0049	0.0048
2.6	0.0047	0.0045	0.0044	0.0043	0.0041	0.0040	0.0039	0.0038	0.0037	0.0036
2.7	0.0035	0.0034	0.0033	0.0032	0.0031	0.0030	0.0029	0.0028	0.0027	0.0026
2.8	0.0026	0.0025	0.0024	0.0023	0.0023	0.0022	0.0021	0.0021	0.0020	0.0019
2.9	0.0019	0.0018	0.0018	0.0017	0.0016	0.0016	0.0015	0.0015	0.0014	0.0014
3.0	0.0013	0.0013	0.0013	0.0012	0.0012	0.0011	0.0011	0.0011	0.0010	0.0010

2. t분포

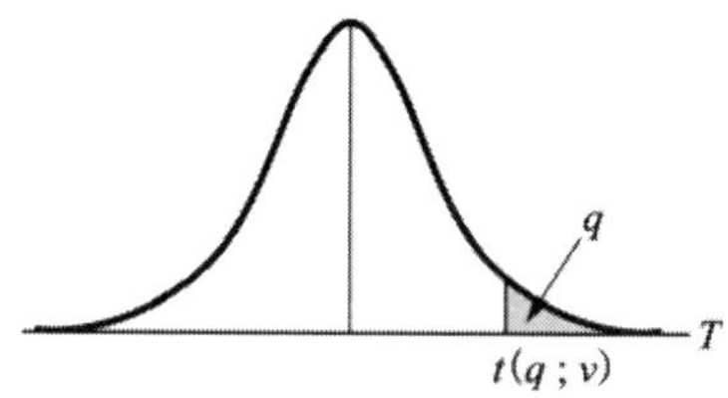

자유도 v	꼬리확률 q									
	0.4	0.25	0.1	0.05	0.025	0.01	0.005	0.0025	0.001	0.0005
1	0.325	1.000	3.078	6.314	12.706	31.821	63.657	127.32	318.31	636.62
2	0.289	0.816	1.886	2.920	4.303	6.965	9.925	14.089	23.326	31.598
3	0.277	0.765	1.638	2.353	3.182	4.541	5.841	7.453	10.213	12.924
4	0.271	0.741	1.533	2.132	2.776	3.747	4.604	5.598	7.173	8.610
5	0.267	0.727	1.476	2.015	2.571	3.365	4.032	4.773	5.893	6.869
6	0.265	0.718	1.440	1.943	2.447	3.143	3.707	4.317	5.208	5.959
7	0.263	0.711	1.415	1.895	2.365	2.998	3.499	4.029	4.785	5.408
8	0.262	0.706	1.397	1.860	2.306	2.896	3.355	3.833	4.501	5.041
9	0.261	0.703	1.383	1.833	2.262	2.821	3.250	3.690	4.297	4.781
10	0.260	0.700	1.372	1.812	2.228	2.764	3.169	3.581	4.144	4.587
11	0.260	0.697	1.363	1.796	2.201	2.718	3.106	3.497	4.025	4.437
12	0.259	0.695	1.356	1.782	2.179	2.681	3.055	3.428	3.930	4.318
13	0.259	0.694	1.350	1.771	2.160	2.650	3.012	3.372	3.852	4.221
14	0.258	0.692	1.345	1.761	2.145	2.624	2.977	3.326	3.787	4.140
15	0.258	0.691	1.341	1.753	2.131	2.602	2.947	3.286	3.733	4.073
16	0.258	0.690	1.337	1.746	2.120	2.583	2.921	3.252	3.686	4.015
17	0.257	0.689	1.333	1.740	2.110	2.567	2.898	3.222	3.646	3.965
18	0.257	0.688	1.330	1.734	2.101	2.552	2.878	3.197	3.610	3.922
19	0.257	0.688	1.328	1.729	2.093	2.539	2.861	3.174	3.579	3.883
20	0.257	0.687	1.325	1.725	2.086	2.528	2.845	3.153	3.552	3.850
21	0.257	0.686	1.323	1.721	2.080	2.518	2.831	3.135	3.527	3.819
22	0.256	0.686	1.321	1.717	2.074	2.508	2.819	3.119	3.505	3.792
23	0.256	0.685	1.319	1.714	2.069	2.500	2.807	3.104	3.485	3.767
24	0.256	0.685	1.318	1.711	2.064	2.492	2.792	3.091	3.467	3.745
25	0.256	0.684	1.316	1.708	2.060	2.485	2.787	3.078	3.450	3.725
26	0.256	0.684	1.315	1.706	2.056	2.479	2.779	3.067	3.435	3.707
27	0.256	0.684	1.314	1.703	2.052	2.473	2.771	3.057	3.421	3.690
28	0.256	0.683	1.313	1.701	2.048	2.467	2.763	3.047	3.408	3.674
29	0.256	0.683	1.311	1.699	2.045	2.462	2.756	3.038	3.396	3.659
30	0.256	0.683	1.310	1.697	2.042	2.457	2.750	3.030	3.385	3.646
	0.253	0.674	1.282	1.645	1.960	2.326	2.576	2.807	3.090	3.291

3. 복리이자요소(CVF)

$CVF = (1+i)^n$ (n = 기간, i = 기간당 이자율)

n/i	1.0	1.5	2.0	2.5	3.0	3.5	4.0	4.5	5.0	5.5
1	1.01000	1.01500	1.02000	1.02500	1.03000	1.03500	1.04000	1.04500	1.05000	1.05500
2	1.02010	1.03022	1.04040	1.05062	1.06090	1.07122	1.08160	1.09202	1.10250	1.11302
3	1.03030	1.04568	1.06121	1.07689	1.09273	1.10872	1.12486	1.14117	1.15762	1.17424
4	1.04060	1.06136	1.08243	1.10381	1.12551	1.14752	1.16986	1.19252	1.21551	1.23882
5	1.05101	1.07728	1.10408	1.13141	1.15927	1.18769	1.21665	1.24618	1.27628	1.30696
6	1.06152	1.09344	1.12616	1.15969	1.19405	1.22926	1.26532	1.30226	1.34010	1.37884
7	1.07214	1.10984	1.14869	1.18869	1.22987	1.27228	1.31593	1.36086	1.40710	1.45468
8	1.08286	1.12649	1.17166	1.21840	1.26677	1.31681	1.36857	1.42210	1.47746	1.53469
9	1.09369	1.14339	1.19509	1.24886	1.30477	1.36290	1.42331	1.48609	1.55133	1.61909
10	1.10462	1.16054	1.21899	1.28008	1.34392	1.41060	1.48024	1.55297	1.62889	1.70814
11	1.11567	1.17795	1.24337	1.31209	1.38423	1.45997	1.53945	1.62285	1.71034	1.80209
12	1.12682	1.19562	1.26824	1.34489	1.42576	1.51107	1.60103	1.69588	1.79586	1.90121
13	1.13809	1.21355	1.29361	1.37851	1.46853	1.56396	1.66507	1.77220	1.88565	2.00577
14	1.14947	1.23176	1.31948	1.41297	1.51259	1.61869	1.73168	1.85194	1.97993	2.11609
15	1.16097	1.25023	1.34587	1.44830	1.55797	1.67535	1.80094	1.93528	2.07893	2.23248
16	1.17258	1.26899	1.37279	1.48451	1.60471	1.73399	1.87298	2.02237	2.18287	2.35526
17	1.18430	1.28802	1.40024	1.52162	1.65285	1.79468	1.94790	2.11338	2.29202	2.48480
18	1.19615	1.30734	1.42825	1.55966	1.70243	1.85749	2.02582	2.20848	2.40662	2.62147
19	1.20811	1.32695	1.45681	1.59865	1.75351	1.92250	2.10685	2.30786	2.52695	2.76565
20	1.22019	1.34685	1.48595	1.63862	1.80611	1.98979	2.19112	2.41171	2.65330	2.91776

n/i	6.0	6.5	7.0	7.5	8.0	8.5	9.0	9.5	10.0	10.5
1	1.06000	1.06500	1.07000	1.07500	1.08000	1.08500	1.09000	1.09500	1.10000	1.10500
2	1.12360	1.13422	1.14490	1.15562	1.16640	1.17722	1.18810	1.19902	1.21000	1.22102
3	1.19102	1.20795	1.22504	1.24230	1.25971	1.27729	1.29503	1.31293	1.33100	1.34923
4	1.26248	1.28647	1.31080	1.33547	1.36049	1.38586	1.41158	1.43766	1.46410	1.49090
5	1.33823	1.37009	1.40255	1.43563	1.46933	1.50366	1.53862	1.57424	1.61051	1.64745
6	1.41852	1.45914	1.50073	1.54330	1.58687	1.63147	1.67710	1.72379	1.77156	1.82043
7	1.50363	1.55399	1.60578	1.65905	1.71382	1.77014	1.82804	1.88755	1.94872	2.01157
8	1.59385	1.65500	1.71819	1.78348	1.85093	1.92060	1.99256	2.06687	2.14359	2.22279
9	1.68948	1.76257	1.83846	1.91724	1.99900	2.08386	2.17189	2.26322	2.35795	2.45618
10	1.79085	1.87714	1.96715	2.06103	2.15892	2.26098	2.36736	2.47823	2.59374	2.71408
11	1.89830	1.99915	2.10485	2.21561	2.33164	2.45317	2.58043	2.71370	2.85312	2.99906
12	2.01220	2.12910	2.25219	2.38178	2.51817	2.66169	2.81266	2.97146	3.13843	3.31369
13	2.13293	2.26749	2.40984	2.56041	2.71962	2.88793	3.06580	3.25374	3.45227	3.66193
14	2.26090	2.41487	2.57853	2.75244	2.93719	3.13340	3.34173	3.56285	3.79750	4.04643
15	2.39656	2.57184	2.75903	2.95888	3.17217	3.39974	3.64248	3.90132	4.17725	4.47130
16	2.54053	2.73901	2.95216	3.18079	3.42594	3.68872	3.97030	4.27195	4.59497	4.94079
17	2.69277	2.91705	3.15881	3.41935	3.70002	4.00226	4.32763	4.67778	5.05447	5.45957
18	2.85434	3.10665	3.37993	3.67580	3.99602	4.34245	4.71712	5.12217	5.55992	6.03283
19	3.02560	3.30859	3.61653	3.95149	4.31570	4.71156	5.14166	5.60878	6.11591	6.66627
20	3.20713	3.52364	3.86968	4.24785	4.66096	5.11204	5.60441	6.14161	6.72750	7.36623

복리이자요소(CVF)

n/i	11.0	11.5	12.0	12.5	13.0	13.5	14.0	14.5	15.0	15.5
1	1.11000	1.11500	1.12000	1.12500	1.13000	1.13500	1.14000	1.14500	1.15000	1.15500
2	1.23210	1.24322	1.25440	1.26562	1.27690	1.28822	1.29960	1.31102	1.32250	1.33402
3	1.36763	1.38620	1.40493	1.42383	1.44290	1.46214	1.48154	1.50112	1.52087	1.54080
4	1.51807	1.54561	1.57352	1.60181	1.63047	1.65952	1.68896	1.71879	1.74901	1.77962
5	1.68506	1.72335	1.76234	1.80203	1.84244	1.88356	1.92541	1.96801	2.01136	2.05546
6	1.87041	1.92154	1.97382	2.02729	2.08195	2.13784	2.19497	2.25337	2.31306	2.37406
7	2.07616	2.14252	2.21068	2.28070	2.35261	2.42645	2.50227	2.58011	2.66002	2.74204
8	2.30454	2.38891	2.47596	2.56578	2.65844	2.75402	2.85259	2.95423	3.05902	3.16706
9	2.55804	2.66363	2.77308	2.88651	3.00404	3.12581	3.25195	3.38259	3.51788	3.65795
10	2.83942	2.96995	3.10585	3.24732	3.39457	3.54780	3.70722	3.87306	4.04556	4.22493
11	3.15176	3.31149	3.47855	3.65324	3.83586	4.02675	4.22623	4.43466	4.65239	4.87980
12	3.49845	3.69231	3.89598	4.10989	4.33452	4.57036	4.81790	5.07768	5.35025	5.63617
13	3.88328	4.11693	4.36349	4.62363	4.89801	5.18736	5.49241	5.81395	6.15279	6.50977
14	4.31044	4.59037	4.88711	5.20158	5.53475	5.88765	6.26135	6.65697	7.07570	7.51879
15	4.78459	5.11827	5.47356	5.85178	6.25427	6.68248	7.13794	7.62223	8.13706	8.68420
16	5.31089	5.70687	6.13039	6.58325	7.06732	7.58462	8.13725	8.72746	9.35762	10.03025
17	5.89509	6.36316	6.86604	7.40615	7.98608	8.60854	9.27646	9.99294	10.76126	11.58494
18	6.54355	7.05492	7.68996	8.33192	9.02427	9.77069	10.57517	11.44191	12.37545	13.38060
19	7.26334	7.91084	8.61276	9.37341	10.19742	11.08974	12.05569	13.10099	14.23177	15.45459
20	8.06231	8.82058	9.64629	10.54509	11.52309	12.58685	13.74348	15.00063	16.36653	17.85005

n/i	16.0	16.5	17.0	17.5	18.0	18.5	19.0	19.5	20.0	20.5
1	1.16000	1.16500	1.17000	1.17500	1.18000	1.18500	1.19000	1.19500	1.20000	1.20500
2	1.34560	1.35722	1.36890	1.38062	1.39240	1.40422	1.41610	1.42802	1.44000	1.45202
3	1.56090	1.58117	1.60161	1.62223	1.64303	1.66401	1.68516	1.70649	1.72800	1.74969
4	1.81064	1.84206	1.87389	1.90613	1.93878	1.97185	2.00534	2.03926	2.07360	2.10838
5	2.10034	2.14600	2.19245	2.23970	2.28776	2.33664	2.38635	2.43691	2.48832	2.54059
6	2.43640	2.50009	2.56516	2.63164	2.69955	2.76892	2.83976	2.91211	2.98598	3.06141
7	2.82622	2.91260	3.00124	3.09218	3.18547	3.28117	3.37931	3.47997	3.58318	3.68900
8	3.27841	3.39318	3.51145	3.63331	3.75886	3.88818	4.02138	4.15856	4.29982	4.44525
9	3.80296	3.95306	4.10840	4.26914	4.43545	4.60750	4.78545	4.96948	5.15978	5.35653
10	4.41143	4.60531	4.80683	5.01624	5.23383	5.45988	5.69468	5.93853	6.19173	6.45461
11	5.11726	5.36519	5.62399	5.89409	6.17592	6.46996	6.77667	7.09654	7.43008	7.77781
12	5.93603	6.25045	6.58007	6.92555	7.28759	7.66690	8.06424	8.48037	8.91610	9.37226
13	6.88579	7.28177	7.69868	8.13752	8.59936	9.08528	9.59645	10.13404	10.69932	11.29357
14	7.98752	8.48326	9.00745	9.56159	10.14724	10.76606	11.41977	12.11018	12.83918	13.60876
15	9.26552	9.88300	10.53872	11.23487	11.97374	12.75778	13.58953	14.47166	15.40701	16.39855
16	10.74800	11.51369	12.33030	13.20097	14.12902	15.11797	16.17154	17.29364	18.48842	19.76025
17	12.46768	13.41345	14.42645	15.51114	16.67224	17.91479	19.24413	20.66589	22.18610	23.81111
18	14.46251	15.62667	16.87895	18.22558	19.67324	21.22903	22.90051	24.69574	26.62332	28.69238
19	16.77651	18.20507	19.74837	21.41506	23.21443	25.15640	27.25161	29.51141	31.94798	34.57432
20	19.46075	21.20891	23.10559	25.16270	27.39302	29.81033	32.42941	35.26614	38.33758	41.66205

복리이자요소(CVF)

n/i	21.0	21.5	22.0	22.5	23.0	23.5	24.0	24.5	25.0	25.5
1	1.21000	1.21500	1.22000	1.22500	1.23000	1.23500	1.24000	1.24500	1.25000	1.25500
2	1.46410	1.47622	1.48840	1.50062	1.51290	1.52522	1.53760	1.55002	1.56250	1.57502
3	1.77156	1.79361	1.81585	1.83827	1.86087	1.88365	1.90662	1.92978	1.95312	1.97666
4	2.14359	2.17924	2.21533	2.25188	2.28887	2.32631	2.36421	2.40258	2.44141	2.48070
5	2.59374	2.64778	2.70271	2.75855	2.81531	2.87299	2.93162	2.99121	3.05176	3.11328
6	3.13843	3.21705	3.29730	3.37922	3.46283	3.54815	3.63521	3.72405	3.81470	3.90717
7	3.79750	3.90871	4.02271	4.13954	4.25928	4.38196	4.50767	4.63645	4.76837	4.90350
8	4.59497	4.74909	4.90771	5.07094	5.23891	5.41172	5.58951	5.77238	5.96046	6.15389
9	5.55992	5.77014	5.98740	6.21190	6.44386	6.68348	6.93099	7.18661	7.45058	7.72313
10	6.72750	7.01072	7.30463	7.60958	7.92594	8.25409	8.59442	8.94733	9.31322	9.69253
11	8.14027	8.51803	8.91165	9.32174	9.74891	10.19381	10.65708	11.13942	11.64153	12.16412
12	9.84973	10.34940	10.87221	11.41913	11.99116	12.58935	13.21478	13.86858	14.55191	15.26597
13	11.91817	12.57452	13.26410	13.98843	14.74913	15.54785	16.38633	17.26638	18.18989	19.15880
14	14.42099	15.27804	16.18220	17.13583	18.14143	19.20159	20.31905	21.49665	22.73736	24.04429
15	17.44940	18.56282	19.74228	20.99139	22.31395	23.71397	25.19562	26.76332	28.42170	30.17558
16	21.11377	22.55383	24.08558	25.71445	27.44616	29.28675	31.24257	33.32034	35.52712	37.87036
17	25.54766	27.40290	29.38441	31.50020	33.75878	36.16913	38.74078	41.48382	44.40890	47.52730
18	30.91267	33.29452	35.84897	38.58774	41.52330	44.66888	48.03857	51.64735	55.51113	59.64675
19	37.40433	40.45284	43.73575	47.26998	51.07365	55.16606	59.56783	64.30095	69.38891	74.85667
20	45.25924	49.15020	53.35761	57.90572	62.82059	68.13008	73.86410	80.05468	86.73613	93.94512

n/i	26.0	26.5	27.0	27.5	28.0	28.5	29.0	29.5	30.0	30.5
1	1.26000	1.26500	1.27000	1.27500	1.28000	1.28500	1.29000	1.29500	1.30000	1.30500
2	1.58760	1.60022	1.61290	1.62562	1.63840	1.65122	1.66410	1.67702	1.69000	1.70302
3	2.00038	2.02428	2.04838	2.07267	2.09715	2.12182	2.14669	2.17175	2.19700	2.22245
4	2.52047	2.56072	2.60145	2.64266	2.68435	2.72654	2.76923	2.81241	2.85610	2.90029
5	3.17580	3.23931	3.30384	3.36939	3.43597	3.50361	3.57230	3.64207	3.71293	3.78488
6	4.00150	4.09773	4.19587	4.29597	4.39805	4.50214	4.60827	4.71649	4.82681	4.93927
7	5.04189	5.18362	5.32876	5.47736	5.62950	5.78525	5.94467	6.10785	6.27485	6.44575
8	6.35279	6.55729	6.76752	6.98363	7.20576	7.43404	7.66863	7.90966	8.15730	8.41170
9	8.00451	8.29497	8.59475	8.90413	9.22337	9.55274	9.89253	10.24301	10.60450	10.97727
10	10.08568	10.49313	10.91533	11.35277	11.80591	12.27527	12.76136	13.26470	13.78584	14.32534
11	12.70796	13.27381	13.86247	14.47478	15.11157	15.77372	16.46215	17.17779	17.92160	18.69457
12	16.01203	10.79137	17.00534	18.45534	19.34280	20.26923	21.23618	22.24524	23.29807	24.39641
13	20.17515	21.24108	22.35878	23.53056	24.75879	26.04596	27.39467	28.80758	30.28749	31.83731
14	25.42069	26.86997	28.39565	30.00146	31.69125	33.46906	35.33912	37.30582	39.37374	41.54769
15	32.03007	33.99051	36.06248	38.25186	40.56480	43.00774	45.58746	48.31103	51.18586	54.21973
16	40.35789	42.99799	45.79935	48.77112	51.92294	55.26495	58.80783	62.56278	66.54161	70.75675
17	50.85094	54.39245	58.16517	62.18318	66.46136	71.01545	75.86209	81.01880	86.50410	92.33755
18	64.07218	68.80646	73.86976	70.28366	85.07053	91.25485	97.86210	104.91934	112.45532	120.50050
19	80.73095	87.04016	93.81460	101.08652	108.89028	117.26248	126.24210	135.87054	146.19191	157.25314
20	101.72099	110.10579	119.14453	128.88531	139.37955	150.68228	162.85230	175.95234	190.04947	206.21534

4. 현가이자요소(*PVF*)

$$PVF = \frac{1}{(1+i)^n} \quad (n = \text{기간},\ i = \text{기간당 이자율})$$

n/i	1.0	1.5	2.0	2.5	3.0	3.5	4.0	4.5	5.0	5.5
1	0.99010	0.98522	0.98039	0.97561	0.97087	0.96618	0.96154	0.95694	0.95238	0.94787
2	0.98030	0.97066	0.96117	0.95181	0.94260	0.93351	0.92456	0.91573	0.90703	0.89845
3	0.97059	0.95632	0.94232	0.92860	0.91514	0.90194	0.88900	0.87630	0.86384	0.85161
4	0.96098	0.94218	0.92385	0.90595	0.88849	0.87114	0.85480	0.83856	0.82270	0.80722
5	0.95147	0.92826	0.90573	0.88385	0.86261	0.84197	0.82193	0.80245	0.78353	0.76513
6	0.94205	0.91454	0.88797	0.86230	0.83748	0.81350	0.79031	0.76790	0.74622	0.72525
7	0.93272	0.90103	0.87056	0.84127	0.81309	0.78599	0.75992	0.73483	0.71068	0.68744
8	0.92348	0.88771	0.85349	0.82075	0.78941	0.75941	0.73069	0.70319	0.67684	0.65160
9	0.91434	0.87459	0.83676	0.80073	0.76642	0.73373	0.70259	0.67290	0.64461	0.61763
10	0.90529	0.86167	0.82035	0.78120	0.74409	0.70892	0.67556	0.64393	0.61391	0.58543
11	0.89632	0.84893	0.80426	0.76214	0.72242	0.68495	0.64958	0.61620	0.58468	0.55491
12	0.88745	0.83639	0.78849	0.74356	0.70138	0.66178	0.62460	0.58966	0.55684	0.52598
13	0.87866	0.82403	0.77303	0.72542	0.68095	0.63940	0.60057	0.56427	0.53032	0.49856
14	0.86996	0.81185	0.75788	0.70773	0.66112	0.61778	0.57748	0.53997	0.50507	0.47257
15	0.86135	0.79985	0.74301	0.69047	0.64186	0.59689	0.55526	0.51672	0.48102	0.44793
16	0.85282	0.78803	0.72845	0.67362	0.62317	0.57671	0.53391	0.49447	0.45811	0.42458
17	0.84438	0.77639	0.71416	0.65720	0.60502	0.55720	0.51337	0.47318	0.43630	0.40245
18	0.83602	0.76491	0.70016	0.64117	0.58739	0.53836	0.49363	0.45280	0.41552	0.38147
19	0.82774	0.75361	0.68643	0.62553	0.57029	0.52016	0.47464	0.43330	0.39573	0.36158
20	0.81954	0.74247	0.67297	0.61027	0.55368	0.50257	0.45639	0.41464	0.37689	0.34273

n/i	6.0	6.5	7.0	7.5	8.0	8.5	9.0	9.5	10.0	10.5
1	0.94340	0.93897	0.93458	0.93023	0.92593	0.92166	0.91743	0.91324	0.90909	0.90498
2	0.89000	0.88166	0.87344	0.86533	0.85734	0.84946	0.84168	0.83401	0.82645	0.81898
3	0.83962	0.82785	0.81630	0.80496	0.79383	0.78291	0.77218	0.76165	0.75131	0.74116
4	0.79209	0.77732	0.76290	0.74880	0.73503	0.72157	0.70843	0.69557	0.68301	0.67073
5	0.74726	0.72988	0.71299	0.69656	0.68058	0.66505	0.64993	0.63523	0.62092	0.60700
6	0.70496	0.68533	0.66634	0.64796	0.63017	0.61295	0.59627	0.58012	0.56447	0.54932
7	0.66506	0.64351	0.62275	0.60275	0.58349	0.56493	0.54703	0.52979	0.51316	0.49712
8	0.62741	0.60423	0.58201	0.56070	0.54027	0.52067	0.50187	0.48382	0.46651	0.44989
9	0.59190	0.56735	0.54393	0.52158	0.50025	0.47988	0.46043	0.44185	0.42410	0.40714
10	0.55839	0.53273	0.50835	0.48519	0.46319	0.44229	0.42241	0.40351	0.38554	0.36845
11	0.52679	0.50021	0.47509	0.45134	0.42888	0.40764	0.38753	0.36851	0.35049	0.33344
12	0.49697	0.46968	0.44401	0.41985	0.39711	0.37570	0.35553	0.33654	0.31863	0.30175
13	0.46884	0.44102	0.41496	0.39056	0.36770	0.34627	0.32618	0.30734	0.28966	0.27308
14	0.44230	0.41410	0.38782	0.36331	0.34046	0.31914	0.29925	0.28067	0.26333	0.24713
15	0.41727	0.38883	0.36245	0.33797	0.31524	0.29414	0.27454	0.25632	0.23939	0.22365
16	0.39365	0.36510	0.33873	0.31439	0.29189	0.27110	0.25187	0.23409	0.21763	0.20240
17	0.37136	0.34281	0.31657	0.29245	0.27027	0.24986	0.23107	0.21378	0.19784	0.18316
18	0.35034	0.32189	0.29586	0.27205	0.25052	0.23028	0.21199	0.19523	0.17986	0.16576
19	0.33051	0.30224	0.27651	0.25307	0.23171	0.21224	0.19449	0.17829	0.16351	0.15001
20	0.31180	0.28380	0.25842	0.23541	0.21455	0.19562	0.17843	0.16282	0.14864	0.13575

현가이자요소(PVF)

n/i	11.0	11.5	12.0	12.5	13.0	13.5	14.0	14.5	15.0	15.5
1	0.90090	0.89686	0.89286	0.88889	0.88496	0.88106	0.87719	0.87336	0.86957	0.86580
2	0.81162	0.80436	0.79719	0.79012	0.78315	0.77626	0.76947	0.76276	0.75614	0.74961
3	0.73119	0.72140	0.71178	0.70233	0.69305	0.68393	0.67497	0.66617	0.65752	0.64901
4	0.65873	0.64699	0.63552	0.62430	0.61332	0.60258	0.59208	0.58181	0.57175	0.56192
5	0.59345	0.58026	0.56743	0.55493	0.54276	0.53091	0.51937	0.50813	0.49718	0.48651
6	0.53464	0.52042	0.50663	0.49327	0.48032	0.46776	0.45559	0.44378	0.43233	0.42122
7	0.48166	0.46674	0.45235	0.43846	0.42506	0.41213	0.39964	0.38758	0.37594	0.36469
8	0.43393	0.41860	0.40388	0.38974	0.37616	0.36311	0.35056	0.33850	0.32690	0.31575
9	0.39092	0.37543	0.36061	0.34644	0.33288	0.31992	0.30751	0.29563	0.28426	0.27338
10	0.35218	0.33671	0.32197	0.30795	0.29459	0.28187	0.26974	0.25819	0.24718	0.23669
11	0.31728	0.30198	0.28748	0.27373	0.26070	0.24834	0.23662	0.22550	0.21494	0.20493
12	0.28584	0.27083	0.25668	0.24332	0.23071	0.21880	0.20756	0.19694	0.18691	0.17743
13	0.25751	0.24290	0.22917	0.21628	0.20416	0.19278	0.18207	0.17200	0.16253	0.15362
14	0.23199	0.21785	0.20462	0.19225	0.18068	0.16985	0.15971	0.15022	0.14133	0.13300
15	0.20900	0.19538	0.18270	0.17089	0.15989	0.14964	0.14010	0.13120	0.12289	0.11515
16	0.18829	0.17523	0.16312	0.15190	0.14150	0.13185	0.12289	0.11458	0.10686	0.09970
17	0.16963	0.15715	0.14564	0.13502	0.12522	0.11616	0.10780	0.10007	0.09293	0.08632
18	0.15282	0.14095	0.13004	0.12002	0.11081	0.10235	0.09456	0.08740	0.08081	0.07474
19	0.13768	0.12641	0.11611	0.10668	0.09806	0.09017	0.08295	0.07633	0.07027	0.06471
20	0.12403	0.11337	0.10367	0.09483	0.08678	0.07945	0.07276	0.06666	0.06110	0.05602

n/i	16.0	16.5	17.0	17.5	18.0	18.5	19.0	19.5	20.0	20.5
1	0.86207	0.85837	0.85470	0.85106	0.84746	0.84388	0.84034	0.83682	0.83333	0.82988
2	0.74316	0.73680	0.73051	0.72431	0.71818	0.71214	0.70616	0.70027	0.69444	0.68869
3	0.64066	0.63244	0.62437	0.61643	0.60863	0.60096	0.59342	0.58600	0.57870	0.57153
4	0.55229	0.54287	0.53365	0.52462	0.51579	0.50714	0.49867	0.49038	0.48225	0.47430
5	0.47611	0.46598	0.45611	0.44649	0.43711	0.42797	0.41905	0.41036	0.40188	0.39361
6	0.41044	0.39999	0.38984	0.37999	0.37043	0.36115	0.35214	0.34339	0.33490	0.32665
7	0.35383	0.34334	0.33320	0.32340	0.31393	0.30477	0.29592	0.28736	0.27908	0.27108
8	0.30503	0.29471	0.28478	0.27523	0.26604	0.25719	0.24867	0.24047	0.23257	0.22496
9	0.26295	0.25297	0.24340	0.23424	0.22546	0.21704	0.20897	0.20123	0.19381	0.18669
10	0.22668	0.21714	0.20804	0.19935	0.19106	0.18315	0.17560	0.16839	0.16151	0.15493
11	0.19542	0.18639	0.17781	0.16966	0.16192	0.15456	0.14757	0.14091	0.13459	0.12857
12	0.16846	0.15999	0.15107	0.14439	0.13722	0.13043	0.12400	0.11792	0.11216	0.10670
13	0.14523	0.13733	0.12989	0.12289	0.11629	0.11007	0.10421	0.09868	0.09346	0.08855
14	0.12520	0.11788	0.11102	0.10459	0.09855	0.09288	0.08757	0.08258	0.07789	0.07348
15	0.10793	0.10118	0.09489	0.08901	0.08352	0.07838	0.07359	0.06910	0.06491	0.06098
16	0.09304	0.08685	0.08110	0.07575	0.07078	0.06615	0.06184	0.05782	0.05409	0.05061
17	0.08021	0.07455	0.06932	0.06447	0.05998	0.05582	0.05196	0.04839	0.04507	0.04200
18	0.06914	0.06399	0.05925	0.05487	0.05083	0.04711	0.04367	0.04049	0.03750	0.03485
19	0.05961	0.05493	0.05064	0.04670	0.04308	0.03975	0.03670	0.03389	0.03130	0.02892
20	0.05130	0.04715	0.04320	0.03974	0.03651	0.03355	0.03084	0.02836	0.02608	0.02400

현가이자요소(PVF)

n/i	21.0	21.5	22.0	22.5	23.0	23.5	24.0	24.5	25.0	25.5
1	0.82645	0.82305	0.81967	0.81633	0.81301	0.80972	0.80645	0.80321	0.80000	0.79681
2	0.68301	0.67740	0.67186	0.66639	0.66098	0.65564	0.65036	0.64515	0.64000	0.63491
3	0.56447	0.55753	0.55071	0.54399	0.53738	0.53088	0.52449	0.51819	0.51200	0.50590
4	0.46651	0.45888	0.45140	0.44407	0.43690	0.42987	0.42297	0.41622	0.40960	0.40311
5	0.38554	0.37768	0.37000	0.36251	0.35520	0.34807	0.34111	0.33431	0.32768	0.32120
6	0.31863	0.31084	0.30328	0.29593	0.28878	0.28184	0.27509	0.26852	0.26214	0.25594
7	0.26333	0.25584	0.24859	0.24157	0.23478	0.22821	0.22184	0.21568	0.20972	0.20394
8	0.21763	0.21057	0.20376	0.19720	0.19088	0.18478	0.17891	0.17324	0.16777	0.16250
9	0.17986	0.17331	0.16702	0.16098	0.15519	0.14962	0.14428	0.13915	0.13422	0.12948
10	0.14864	0.14264	0.13690	0.13141	0.12617	0.12115	0.11635	0.11177	0.10737	0.10317
11	0.12285	0.11740	0.11221	0.10728	0.10258	0.09810	0.09383	0.08977	0.08590	0.08221
12	0.10153	0.09662	0.09198	0.08757	0.08339	0.07943	0.07567	0.07211	0.06872	0.06551
13	0.08391	0.07953	0.07539	0.07149	0.06780	0.06432	0.06103	0.05792	0.05498	0.05220
14	0.06934	0.06545	0.06180	0.05836	0.05512	0.05208	0.04921	0.04652	0.04398	0.04159
15	0.05731	0.05387	0.05065	0.04764	0.04482	0.04217	0.03969	0.03736	0.03518	0.03314
16	0.04736	0.04434	0.04152	0.03889	0.03643	0.03415	0.03201	0.03001	0.02815	0.02641
17	0.03914	0.03649	0.03403	0.03175	0.02962	0.02765	0.02581	0.02411	0.02252	0.02104
18	0.03235	0.03003	0.02789	0.02591	0.02408	0.02239	0.02082	0.01936	0.01801	0.01677
19	0.02673	0.02472	0.02286	0.02116	0.01958	0.01813	0.01679	0.01555	0.01441	0.01336
20	0.02209	0.02035	0.01874	0.01727	0.01592	0.01468	0.01354	0.01249	0.01153	0.01064

n/i	26.0	26.5	27.0	27.5	28.0	28.5	29.0	29.5	30.0	30.5
1	0.79365	0.79051	0.78740	0.78431	0.78125	0.77821	0.77519	0.77220	0.76923	0.76628
2	0.62988	0.62491	0.62000	0.61515	0.61035	0.60561	0.60093	0.59629	0.59172	0.58719
3	0.49991	0.49400	0.48819	0.48247	0.47684	0.47129	0.46583	0.46046	0.45517	0.44995
4	0.39675	0.39052	0.38440	0.37841	0.37253	0.36676	0.36111	0.35557	0.35013	0.34479
5	0.31488	0.30871	0.30268	0.29679	0.29104	0.28542	0.27993	0.27457	0.26933	0.26421
6	0.24991	0.24404	0.23833	0.23278	0.22737	0.22212	0.21700	0.21202	0.20718	0.20246
7	0.19834	0.19292	0.18766	0.18257	0.17764	0.17285	0.16822	0.16372	0.15937	0.15514
8	0.15741	0.15250	0.14776	0.14319	0.13878	0.13452	0.13040	0.12643	0.12259	0.11888
9	0.12493	0.12056	0.11635	0.11231	0.10842	0.10468	0.10109	0.09763	0.09430	0.09110
10	0.09915	0.09530	0.09161	0.08808	0.08470	0.08146	0.07836	0.07539	0.07254	0.06981
11	0.07869	0.07534	0.07214	0.06909	0.06617	0.06340	0.06075	0.05821	0.05580	0.05349
12	0.06245	0.05955	0.05680	0.05418	0.05170	0.04934	0.04709	0.04495	0.04292	0.04099
13	0.04957	0.04708	0.04473	0.04250	0.04039	0.03839	0.03650	0.03471	0.03302	0.03141
14	0.03934	0.03722	0.03522	0.03333	0.03155	0.02988	0.02830	0.02681	0.02540	0.02407
15	0.03122	0.02942	0.02773	0.02614	0.02465	0.02325	0.02194	0.02070	0.01954	0.01844
16	0.02478	0.02326	0.02183	0.02050	0.01926	0.01809	0.01700	0.01598	0.01503	0.01413
17	0.01967	0.01838	0.01719	0.01608	0.01505	0.01408	0.01318	0.01234	0.01156	0.01083
18	0.01561	0.01453	0.01354	0.01261	0.01175	0.01096	0.01022	0.00953	0.00889	0.00830
19	0.01239	0.01149	0.01066	0.00989	0.00918	0.00853	0.00792	0.00736	0.00684	0.00636
20	0.00983	0.00908	0.00839	0.00776	0.00717	0.00664	0.00614	0.00568	0.00526	0.00487

5. 연금의 복리이자요소(CVF_a)

$$CVF_a = \frac{(1+i)^n - 1}{i}$$

n/i	1.0	1.5	2.0	2.5	3.0	3.5	4.0	4.5	5.0	5.5
1	1.00000	1.00000	1.00000	1.00000	1.00000	1.00000	1.00000	1.00000	1.00000	1.00000
2	2.01000	2.01500	2.02000	2.02500	2.03000	2.03500	2.04000	2.04500	2.05000	2.05500
3	3.03010	3.04522	3.06040	3.07562	3.09090	3.10622	3.12160	3.13702	3.15250	3.16802
4	4.06040	4.09090	4.12161	4.15252	4.18363	4.21494	4.24646	4.27819	4.31012	4.34227
5	5.10100	5.15227	5.20404	5.25633	5.30914	5.36247	5.41632	5.47071	5.52563	5.58109
6	6.15210	6.22955	6.30812	6.38774	6.46841	6.55015	6.63298	6.71689	6.80191	6.88805
7	7.21353	7.32299	7.43428	7.54743	7.66246	7.77941	7.89829	8.01915	8.14201	8.26689
8	8.28567	8.43284	8.58297	8.73612	8.89234	9.05169	9.21423	9.38001	9.54911	9.72157
9	9.36853	9.55933	9.75463	9.95452	10.15911	10.36850	10.58279	10.80211	11.02656	11.25626
10	10.46221	10.70272	10.94972	11.20338	11.46388	11.73139	12.00611	12.28821	12.57789	12.87535
11	11.56683	11.86326	12.16871	12.48347	12.80779	13.14199	13.48635	13.84118	14.20679	14.58350
12	12.68250	13.04121	13.41209	13.79555	14.19203	14.60196	15.02580	15.46403	15.91713	16.38559
13	13.80933	14.23683	14.68033	15.14044	15.61779	16.11303	16.62684	17.15991	17.71298	18.28680
14	14.94742	15.45038	15.97394	16.51895	17.08632	17.67699	18.29191	18.93211	19.59863	20.29257
15	16.09689	16.68214	17.29342	17.93192	18.59891	19.29568	20.02359	20.78405	21.57856	22.40866
16	17.25786	17.93237	18.63928	19.38022	20.15688	20.97103	21.82453	22.71933	23.65749	24.64114
17	18.43044	19.20135	20.01207	20.86473	21.76158	22.70501	23.69751	24.74170	25.84036	26.99640
18	19.61474	20.48937	21.41231	22.38635	23.41443	24.49969	25.64541	26.85508	28.13238	29.48120
19	20.81089	21.79671	22.84056	23.94600	25.11686	26.35718	27.67123	29.06356	30.53900	32.10267
20	22.01900	23.12366	24.29737	25.54465	26.87037	28.27968	29.77807	31.37142	33.06595	34.86831

n/i	6.0	6.5	7.0	7.5	8.0	8.5	9.0	9.5	10.0	10.5
1	1.00000	1.00000	1.00000	1.00000	1.00000	1.00000	1.00000	1.00000	1.00000	1.00000
2	2.06000	2.06500	2.07000	2.07500	2.08000	2.08500	2.09000	2.09500	2.10000	2.10500
3	3.18360	3.19922	3.21490	3.23062	3.24640	3.26222	3.27810	3.29402	3.31000	3.32602
4	4.37462	4.40717	4.43994	4.47292	4.50611	4.53951	4.57313	4.60696	4.64100	4.67526
5	5.63709	5.69364	5.75074	5.80839	5.86660	5.92537	5.98471	6.04462	6.10510	6.16616
6	6.97532	7.06373	7.15329	7.24402	7.33593	7.42903	7.52333	7.61886	7.71561	7.81361
7	8.39384	8.52287	8.65402	8.78732	8.92280	9.06050	9.20043	9.34265	9.48717	9.63403
8	9.89747	10.07686	10.25980	10.44637	10.63663	10.83064	11.02847	11.23020	11.43589	11.64561
9	11.49132	11.73185	11.97799	12.22985	12.48756	12.75124	13.02104	13.29707	13.57948	13.86840
10	13.18079	13.49442	13.81645	14.14709	14.48656	14.83510	15.19293	15.56029	15.93742	16.32458
11	14.97164	15.37156	15.78360	16.20812	16.64549	17.09608	17.56029	18.03852	18.53117	19.03866
12	16.86994	17.37071	17.88845	18.42373	18.97713	19.54925	20.14072	20.75217	21.38428	22.03772
13	18.88214	19.49981	20.14064	20.80561	21.49530	22.21033	22.95338	23.72303	24.52271	25.35168
14	21.01506	21.76729	22.55049	23.36592	24.21492	25.09886	26.01919	26.97738	27.97498	29.01360
15	23.27597	24.18217	25.12902	26.11836	27.15211	28.23227	29.36091	30.54023	31.77248	33.06003
16	25.67252	26.75401	27.88805	29.07724	30.32428	31.63201	33.00339	34.44155	35.94973	37.53133
17	28.21287	29.49302	30.84021	32.25803	33.75022	35.32073	36.97370	38.71349	40.54470	42.47212
18	30.90565	32.41000	33.99903	35.67738	37.45024	39.32299	41.30133	43.39127	45.59917	47.93169
19	33.75998	35.51672	37.37896	39.35318	41.44626	43.66544	46.01845	48.51344	51.15908	53.96452
20	36.78558	38.82530	40.99549	43.30467	45.76196	48.37701	51.16011	53.12222	57.27499	60.63080

연금의 복리이자요소(CVF_a)

n/i	11.0	11.5	12.0	12.5	13.0	13.5	14.0	14.5	15.0	15.5
1	1.00000	1.00000	1.00000	1.00000	1.00000	1.00000	1.00000	1.00000	1.00000	1.00000
2	2.11000	2.11500	2.12000	2.12500	2.13000	2.13500	2.14000	2.14500	2.15000	2.15500
3	3.34210	3.35822	3.37440	3.39062	3.40690	3.42322	3.43960	3.45602	3.47250	3.48902
4	4.70973	4.74442	4.77933	4.81445	4.84980	4.88536	4.92114	4.95715	4.99337	5.02982
5	6.22780	6.29003	6.35285	6.41626	6.48027	6.54488	6.61010	6.67593	6.74238	6.80945
6	7.91286	8.01338	8.11519	8.21829	8.32271	8.42844	8.53552	8.64395	8.75374	8.86491
7	9.78327	9.93492	10.08901	10.24558	10.40466	10.56628	10.73049	10.89732	11.06680	11.23897
8	11.85943	12.07744	12.29969	12.52628	12.75726	12.99273	13.23276	13.47743	13.72682	13.98101
9	14.16397	14.46634	14.77566	15.09206	15.41571	15.74675	16.08535	16.43165	16.78584	17.14807
10	16.72201	17.12997	17.54873	17.97857	18.41975	18.87256	19.33729	19.81424	20.30372	20.80602
11	19.56143	20.09992	20.65458	21.22589	21.81432	22.42036	23.04451	23.68731	24.34927	25.03095
12	22.71318	23.41141	24.13313	24.87912	25.65018	26.44710	27.27074	28.12197	29.00166	29.91075
13	26.21163	27.10372	28.02911	28.98901	29.98470	31.01746	32.08865	33.19965	34.35191	35.54691
14	30.09491	31.22065	32.39260	33.61264	34.88271	36.20482	37.58106	39.01360	40.50470	42.05668
15	34.40535	35.81102	37.27971	38.81422	40.41746	42.09247	43.84241	45.67057	47.58041	49.57547
16	39.18994	40.92929	42.75327	44.66599	46.67173	48.77495	50.98034	53.29280	55.71747	58.25967
17	44.50083	46.63616	48.88367	51.24924	53.73906	56.35957	59.11759	62.02026	65.07508	68.28991
18	50.39592	52.99931	55.74971	58.65540	61.72513	64.96811	68.39405	72.01320	75.83635	79.87485
19	56.93947	60.09423	63.43967	66.98732	70.74940	74.73880	78.96922	83.45511	88.21180	93.25545
20	64.20282	68.00507	72.05243	76.36073	80.94682	85.82854	91.02491	96.55610	102.44357	108.71004

n/i	16.0	16.5	17.0	17.5	18.0	18.5	19.0	19.5	20.0	20.5
1	1.00000	1.00000	1.00000	1.00C00	1.00000	1.00000	1.00000	1.00000	1.00000	1.00000
2	2.16000	2.16500	2.17000	2.17500	2.18000	2.18500	2.19000	2.19500	2.20000	2.20500
3	3.50560	3.52222	3.53890	3.55562	3.57240	3.58922	3.60610	3.62302	3.64000	3.65702
4	5.06650	5.10339	5.14051	5.17786	5.21543	5.25323	5.29126	5.32951	5.36800	5.40671
5	6.87714	6.94545	7.01440	7.08398	7.15421	7.22508	7.29660	7.36877	7.44160	7.51509
6	8.97748	9.09145	9.20685	9.32368	9.44197	9.56172	9.68295	9.80568	9.92992	10.05568
7	11.41387	11.59154	11.77201	11.95533	12.14152	12.33064	12.52271	12.71779	12.91590	13.11710
8	14.24009	14.50414	14.77325	15.04751	15.32699	15.61180	15.90203	16.19775	16.49908	16.80610
9	17.51851	17.89733	18.28471	18.68082	19.08585	19.49999	19.92341	20.35632	20.79890	21.25135
10	21.32147	21.85039	22.39311	22.94996	23.52131	24.10748	24.70886	25.32580	25.95868	26.60788
11	25.73290	26.45570	27.19993	27.96621	28.75514	29.56737	30.40354	31.26433	32.15041	33.06250
12	30.85016	31.82089	32.82392	33.86029	34.93106	36.03733	37.18021	38.36087	39.58049	40.84031
13	36.78619	38.07133	39.40399	40.78584	42.21865	43.70423	45.24445	46.84124	48.49659	50.21257
14	43.67198	45.35310	47.10266	48.92336	50.81801	52.78952	54.84090	56.97528	59.19591	61.50614
15	51.65949	53.83636	56.11012	58.48495	60.96525	63.55557	66.26067	69.08546	72.03509	75.11490
16	60.92501	63.71936	66.64883	69.71982	72.93899	76.31335	79.85019	83.55712	87.44210	91.51345
17	71.67301	75.23305	78.97913	82.92078	87.06801	91.43132	96.02173	100.85076	105.93052	111.27371
18	84.14069	88.64650	93.40559	98.43192	103.74025	109.34611	115.26585	121.51665	128.11662	135.08481
19	98.60320	104.27318	110.28453	116.65750	123.41349	130.57514	138.16636	146.21239	154.73994	163.77719
20	115.37971	122.47825	130.03290	138.07256	146.62792	155.73153	165.41797	175.72381	186.68792	198.35151

연금의 복리이자요소(CVF_a)

n/i	21.0	21.5	22.0	22.5	23.0	23.5	24.0	24.5	25.0	25.5
1	1.00000	1.00000	1.00000	1.00000	1.00000	1.00000	1.00000	1.00000	1.00000	1.00000
2	2.21000	2.21500	2.22000	2.22500	2.23000	2.23500	2.24000	2.24500	2.25000	2.25500
3	3.67410	3.69122	3.70840	3.72562	3.74290	3.76022	3.77760	3.79502	3.81250	3.83002
4	5.44566	5.48484	5.52425	5.56389	5.60377	5.64388	5.68422	5.72481	5.76562	5.80668
5	7.58925	7.66408	7.73958	7.81577	7.89263	7.97019	8.04844	8.12738	8.20703	8.28738
6	10.18299	10.31185	10.44229	10.57431	10.70794	10.84318	10.98006	11.11859	11.25879	11.40067
7	13.32142	13.52890	13.73959	13.95353	14.17076	14.39133	14.61528	14.84265	15.07348	15.30784
8	17.11892	17.43762	17.76230	18.09308	18.43004	18.77329	19.12294	19.47909	19.84186	20.21133
9	21.71389	22.18670	22.67001	23.16402	23.66895	24.18502	24.71245	25.25147	25.80232	26.36522
10	27.27381	27.95684	28.65741	29.37592	30.11280	30.86849	31.64343	32.43808	33.25290	34.08835
11	34.00130	34.96757	35.96204	36.98550	38.03875	39.12259	40.23786	41.38541	42.56612	43.78088
12	42.14158	43.48559	44.87369	46.30724	47.78766	49.31639	50.89494	52.52483	54.20765	55.94501
13	51.99131	53.83499	55.74590	57.72636	59.77882	61.90575	64.10972	66.39341	68.75956	71.21098
14	63.90948	66.40951	69.00999	71.71479	74.52795	77.45359	80.49605	83.65979	86.94945	90.36978
15	78.33047	81.68756	85.19219	88.85062	92.66937	96.65518	100.81510	105.15644	109.68680	114.41407
16	95.77987	100.25038	104.93447	109.84200	114.98332	120.36915	126.01072	131.91976	138.10850	144.58965
17	116.89364	122.80402	129.02004	135.55645	142.42948	149.65589	157.25329	165.24010	173.63562	182.46001
18	142.44130	150.20711	158.40445	167.05664	176.18826	185.82502	195.99407	206.72391	218.04452	229.98730
19	173.35396	183.50163	194.25342	205.64438	217.71155	230.49390	244.03264	258.37126	273.55564	289.63405
20	210.75829	223.95447	237.98917	252.91436	268.78520	285.65995	303.60047	322.67220	342.94455	364.49072

n/i	26.0	26.5	27.0	27.5	28.0	28.5	29.0	29.5	30.0	30.5
1	1.00000	1.00000	1.00000	1.00000	1.00000	1.00000	1.00000	1.00000	1.00000	1.00000
2	2.26000	2.26500	2.27000	2.27500	2.28000	2.28500	2.29000	2.29500	2.30000	2.30500
3	3.84760	3.86522	3.88290	3.90062	3.91840	3.93622	3.95410	3.97202	3.99000	4.00802
4	5.84798	5.88951	5.93128	5.97330	6.01555	6.05805	6.10079	6.14377	6.18700	6.23047
5	8.36845	8.45023	8.53273	8.61595	8.69991	8.78459	8.87002	8.95618	9.04310	9.13077
6	11.54425	11.68954	11.83657	11.98534	12.13588	12.28820	12.44232	12.59826	12.75603	12.91565
7	15.54575	15.78727	16.03244	16.28131	16.53392	16.79034	17.05059	17.31474	17.58284	17.85492
8	20.58764	20.97089	21.36119	21.75867	22.16342	22.57558	22.99527	23.42259	23.85769	24.30067
9	26.94043	27.52818	28.12872	28.74230	29.36918	30.00962	30.66389	31.33226	32.01499	32.71237
10	34.94494	35.82314	36.72347	37.64643	38.59255	39.56236	40.55642	41.57527	42.61949	43.68965
11	45.03062	46.31627	47.63880	48.99919	50.39846	51.83763	53.31778	54.83997	56.40533	58.01499
12	57.73850	59.59000	61.50128	63.47397	65.51003	67.61136	69.77883	72.01776	74.32693	76.70955
13	73.75061	76.38145	79.10662	81.92931	84.85283	87.88059	91.01611	94.26300	97.62500	101.10590
14	93.92576	97.62253	101.46541	105.45987	109.61162	113.92655	118.41078	123.07058	127.91249	132.94327
15	119.34646	124.49250	129.86106	135.46132	141.30286	147.39561	153.74990	160.37639	167.28623	174.49096
16	151.37653	158.48300	165.92354	173.71318	181.86766	190.40335	199.33736	208.68742	218.47210	228.71070
17	191.73442	201.48099	211.72289	222.48430	233.79059	245.66830	258.14518	271.25020	285.01371	299.46745
18	242.58536	255.87344	269.88806	284.66747	300.25195	316.08375	334.00727	352.26899	371.51781	391.80500
19	306.65755	324.67989	343.75783	363.95101	385.32248	407.93861	431.86937	457.18833	483.97313	512.30550
20	387.30050	411.72004	437.57243	465.03753	494.21276	526.20109	558.11147	593.05886	630.16504	669.55865

6. 연금의 현가이자요소(PVF_a)

$$PVF_a = \frac{(1+i)^n - 1}{i(1+i)^n}$$

n/i	1.0	1.5	2.0	2.5	3.0	3.5	4.0	4.5	5.0	5.5
1	0.99010	0.98522	0.98039	0.97561	0.97087	0.96618	0.96154	0.95694	0.95238	0.94787
2	1.97039	1.95588	1.94156	1.92742	1.91347	1.89969	1.88609	1.87267	1.85941	1.84632
3	2.94098	2.91220	2.88388	2.85602	2.82861	2.80164	2.77509	2.74896	2.72325	2.69793
4	3.90197	3.85438	3.80773	3.76197	3.71710	3.67308	3.62990	3.58753	3.54595	3.50515
5	4.85343	4.78264	4.71346	4.64583	4.57971	4.51505	4.45182	4.38998	4.32948	4.27028
6	5.79548	5.69719	5.60143	5.50812	5.41719	5.32855	5.24214	5.15787	5.07569	4.99553
7	6.72819	6.59821	6.47199	6.34939	6.23028	6.11455	6.00206	5.89270	5.78637	5.68297
8	7.65168	9.48592	7.32548	7.17014	7.01969	6.87396	6.73275	6.59589	6.46321	6.33457
9	8.56602	8.36051	8.16224	7.97086	7.78611	7.60769	7.43533	7.26879	7.10782	6.95220
10	9.47130	9.22218	8.98259	8.75206	8.53020	8.31661	8.11090	7.91272	7.72174	7.53763
11	10.36763	10.07112	9.78685	9.51421	9.25262	9.00155	8.76048	8.52892	8.30642	8.09254
12	11.25508	10.90750	10.57534	10.25776	9.95400	9.66334	9.38507	9.11858	8.86325	8.61852
13	12.13374	11.73153	11.34837	10.98318	10.63495	10.30274	9.98565	9.68285	9.39357	9.11708
14	13.00370	12.54338	12.10625	11.69091	11.29607	10.92052	10.56312	10.22282	9.89864	9.58965
15	13.86505	13.34323	12.84926	12.38138	11.93793	11.51741	11.11839	10.73955	10.37966	10.03758
16	14.71787	14.13126	13.57771	13.05500	12.56110	12.09412	11.65230	11.23401	10.83777	10.46216
17	15.56225	14.90765	14.29187	13.71220	13.16612	12.65132	12.16567	11.70719	11.27407	10.86461
18	16.39827	15.67256	14.99203	14.35336	13.75351	13.18968	12.65930	12.15999	11.68959	11.24607
19	17.22601	16.42616	15.67846	14.97889	14.32380	13.70984	13.13394	12.59329	12.08532	11.60765
20	18.04555	17.16863	16.35143	15.58916	14.87747	14.21241	13.59033	13.00794	12.46221	11.95038

n/i	6.0	6.5	7.0	7.5	8.0	8.5	9.0	9.5	10.0	10.5
1	0.94340	0.93897	0.93458	0.93023	0.92593	0.92166	0.91743	0.91324	0.90909	0.90498
2	1.83339	1.82063	1.80802	1.79557	1.78326	1.77111	1.75911	1.74725	1.73554	1.72396
3	2.67301	2.64848	2.62432	2.60053	2.57710	2.55402	2.53129	2.50891	2.48685	2.46512
4	3.46511	3.42580	3.38721	3.34933	3.31213	3.27560	3.23972	3.20448	3.16987	3.13586
5	4.21236	4.15568	4.10020	4.04588	3.99271	3.94064	3.88965	3.83971	3.79079	3.74286
6	4.91732	4.84101	4.76654	4.69385	4.62288	4.55359	4.48592	4.41983	4.35526	4.29218
7	5.58238	5.48452	5.38929	5.29660	5.20637	5.11851	5.03295	4.94961	4.86842	4.78930
8	6.20979	6.08875	5.97130	5.85730	5.74664	5.63918	5.53482	5.43344	5.33493	5.23919
9	6.80169	6.65611	6.51523	6.37889	6.24689	6.11906	5.99525	5.87528	5.75902	5.64632
10	7.36009	7.18883	7.02358	6.86408	6.71008	6.56135	6.41766	6.27880	6.14457	6.01477
11	7.88687	7.68904	7.49867	7.31542	7.13896	6.96898	6.80519	6.64730	6.49506	6.34821
12	8.38384	8.15873	7.94269	7.73528	7.53608	7.34469	7.16073	6.98384	6.81369	6.64996
13	8.85268	8.59974	8.35765	8.12584	7.90378	7.69096	7.48690	7.29118	7.10336	6.92304
14	9.29498	9.01384	8.74547	8.48915	8.24424	8.01010	7.78615	7.57185	7.36669	7.17018
15	9.71225	9.40267	9.10791	8.82712	8.55948	8.30424	8.06069	7.82817	7.60608	7.39382
16	10.10590	9.76777	9.44665	9.14151	8.85137	8.57533	8.31256	8.06226	7.82371	7.59622
17	10.47726	10.11058	9.76322	9.43396	9.12164	8.82519	8.54363	8.27604	8.02155	7.77939
18	10.82760	10.43247	10.05909	9.70601	9.37189	9.05548	8.75563	8.47127	8.20141	8.94515
19	11.15812	10.73471	10.33560	9.95908	9.60360	9.26772	8.95011	8.64956	8.36492	8.09515
20	11.46992	11.01851	10.59401	10.19449	9.81815	9.46334	9.12855	8.81238	8.51356	8.23091

연금의 현가이자요소(PVF_a)

n/i	11.0	11.5	12.0	12.5	13.0	13.5	14.0	14.5	15.0	15.5
1	0.90090	0.89686	0.89286	0.88889	0.88496	0.88106	0.87719	0.87336	0.86957	0.86580
2	1.71252	1.70122	1.69005	1.67901	1.66810	1.65732	1.64666	1.63612	1.62571	1.61541
3	2.44371	2.42262	2.40183	2.38134	2.36115	2.34125	2.32163	2.30229	2.20323	2.26443
4	3.10245	3.06961	3.03735	3.00564	2.97447	2.94383	2.91371	2.88410	2.85498	2.82634
5	3.69590	3.64988	3.60478	3.56057	3.51723	3.47474	3.43308	3.39223	3.35216	3.31285
6	4.23054	4.17029	4.11141	4.05384	3.99755	3.94250	3.88867	3.83600	3.78448	3.73407
7	4.71220	4.63704	4.56376	4.49230	4.42261	4.35463	4.28830	4.22358	4.16042	4.09876
8	5.14612	5.05564	4.96764	4.88205	4.79877	4.71774	4.63886	4.56208	4.48732	4.41451
9	5.53705	5.43106	5.32825	5.22848	5.13166	5.03765	4.94637	4.85771	4.77158	4.68789
10	5.88923	5.76777	5.65022	5.53643	5.42624	5.31952	5.21612	5.11591	5.01877	4.92458
11	6.20652	6.06975	5.93770	5.81016	5.68694	5.56786	5.45273	5.34140	5.23371	5.12951
12	6.49236	6.34058	6.19437	6.05348	5.91765	5.78666	5.66029	5.53834	5.42062	5.30693
13	6.74987	6.58348	6.42355	6.26976	6.12181	5.97943	5.84230	5.71034	5.58315	5.46055
14	6.98187	6.80133	6.62817	6.46201	6.30249	6.14928	6.00207	5.86056	5.72448	5.59355
15	7.19087	6.99671	6.81086	6.63289	6.46238	6.29893	6.14217	5.99176	5.84737	5.70870
16	7.37916	7.17194	6.97399	6.78479	6.60388	6.43077	6.26506	6.10634	5.95424	5.80840
17	7.54879	7.32909	7.11963	6.91982	6.72909	6.54694	6.37286	6.20641	6.04716	5.89472
18	7.70162	7.47004	7.24967	7.03984	6.83991	6.64928	6.46742	6.29381	6.12797	5.96945
19	7.83929	7.59644	7.36578	7.14652	6.93797	6.73946	6.55037	6.37014	6.19823	6.03416
20	7.96333	7.70982	7.46944	7.24135	7.02475	6.81890	6.62313	6.43680	6.25933	6.09018

n/i	16.0	16.5	17.0	17.5	18.0	18.5	19.0	19.5	20.0	20.5
1	0.86207	0.85837	0.85470	0.85106	0.84746	0.84388	0.84034	0.83682	0.83333	0.82988
2	1.60523	1.59517	1.58521	1.57537	1.56564	1.55602	1.54650	1.53709	1.52778	1.51857
3	2.24589	2.22761	2.20959	2.19181	2.17427	2.15698	2.13992	2.12309	2.10648	2.09010
4	2.79818	2.77048	2.74324	2.71643	2.69006	2.66412	2.63859	2.61346	2.58873	2.56440
5	3.27429	3.23646	3.19935	3.16292	3.12717	3.09208	3.05764	3.02382	2.99061	2.95801
6	3.68474	3.63645	3.58918	3.54291	3.49760	3.45323	3.40978	3.36721	3.32551	3.28465
7	4.03857	3.97979	3.92238	3.86631	3.81153	3.75800	3.70570	3.65457	3.60459	3.55573
8	4.34359	4.27449	4.20716	4.14154	4.07757	4.01519	3.95437	3.89504	3.83716	3.78069
9	4.60654	4.52746	4.45057	4.37578	4.30302	4.23223	4.16333	4.09627	4.03097	3.96738
10	4.83323	4.74460	4.65860	4.57513	4.49409	4.41538	4.33894	4.26466	4.19247	4.12230
11	5.02864	4.93099	4.83641	4.74479	4.65601	4.56994	4.48650	4.40557	4.32706	4.25087
12	5.19711	5.09098	4.98839	4.88018	4.79323	4.70037	4.61050	4.52349	4.43922	4.35757
13	5.34233	5.22831	5.11828	5.01207	4.90051	4.81044	4.71471	4.62217	4.53268	4.44612
14	5.46753	5.34619	5.22930	5.11666	5.00806	4.90333	4.80228	4.70474	4.61057	4.51960
15	5.57546	5.44737	5.32419	5.20567	5.09158	4.98171	4.87586	4.77384	4.67547	4.58058
16	5.66850	5.53422	5.40529	5.28142	5.16235	5.04786	4.93770	4.83167	4.72956	4.63119
17	5.74870	5.60878	5.47461	5.34589	5.22233	5.10368	4.98966	4.88006	4.77463	4.67318
18	5.81785	5.67277	5.53385	5.40076	5.27316	5.15078	5.03333	4.92055	4.81220	4.70804
19	5.87746	5.72770	5.58449	5.44745	5.31624	5.19053	5.07003	4.95444	4.84350	4.73696
20	5.92884	5.77485	5.62777	5.48719	5.35275	5.22408	5.10086	4.98279	4.86958	4.76096

연금의 현가이자요소(PVF_a)

n/i	21.0	21.5	22.0	22.5	23.0	23.5	24.0	24.5	25.0	25.5
1	0.82645	0.82305	0.81967	0.81633	0.81301	0.80972	0.80645	0.80321	0.80000	0.79681
2	1.50946	1.50045	1.49153	1.48272	1.47399	1.46536	1.45682	1.144836	1.44000	1.43172
3	2.07393	2.05798	2.04224	2.02671	2.01137	1.99624	1.98130	1.96656	1.95200	1.93763
4	2.54044	2.51686	2.49364	2.47078	2.44827	2.42611	2.40428	2.38278	2.36160	2.34074
5	2.92598	2.89453	2.86364	2.83329	2.80347	2.77418	2.74538	2.71709	2.68928	2.66194
6	3.24462	3.20538	3.16692	3.12922	3.09225	3.05601	3.02047	2.98561	2.95142	2.91788
7	3.50795	3.46122	3.41551	3.37079	3.32704	3.28422	3.24232	3.20130	3.16114	3.12182
8	3.72558	3.67178	3.61927	3.56799	3.51792	3.46900	3.42122	3.37454	3.32891	3.28432
9	3.90543	3.84509	3.78629	3.72897	3.67310	3.61863	3.56550	3.51368	3.46313	3.41380
10	4.05408	3.98773	3.92318	3.86039	3.79927	3.73978	3.68186	3.62545	3.57050	3.51697
11	4.17692	4.10513	4.03540	3.96766	3.90185	3.83788	3.77569	3.71522	3.65640	3.59918
12	4.27845	4.20175	4.12737	4.05523	3.98524	3.91731	3.85136	3.78733	3.72512	3.66469
13	4.36236	4.28128	4.20277	4.12672	4.05304	3.98163	3.91239	3.84524	3.78010	3.71688
14	4.43170	4.34673	4.26456	4.18508	4.10816	4.03371	3.96160	3.89176	3.82408	3.75847
15	4.48901	4.40060	4.31522	4.23272	4.15298	4.07588	4.00129	3.92912	3.85926	3.79161
16	4.53637	4.44494	4.35673	4.27161	4.18941	4.11002	4.03330	3.95914	3.88741	3.81802
17	4.57551	4.48143	4.39077	4.30335	4.21904	4.13767	4.05911	3.98324	3.90993	3.83906
18	4.60786	4.51147	4.41866	4.32927	4.24312	4.16006	4.07993	4.00260	3.92794	3.85582
19	4.63460	4.53619	4.44152	4.35042	4.26270	4.17818	4.09672	4.01816	3.94235	3.86918
20	4.65669	4.55653	4.46027	4.36769	4.27862	4.19286	4.11026	4.03065	3.95388	3.87983

n/i	26.0	26.5	27.0	27.5	28.0	28.5	29.0	29.5	30.0	30.5
1	0.79365	0.75051	0.78740	0.78431	0.78125	0.77821	0.77519	0.77220	0.76923	0.76628
2	1.42353	1.41543	1.40740	1.39946	1.39160	1.38382	1.37612	1.36849	1.36095	1.35347
3	1.92344	1.90943	1.89559	1.88193	1.86844	1.85511	1.84195	1.82895	1.81611	1.80343
4	2.32019	2.29994	2.27999	2.26034	2.24097	2.22188	2.20306	2.18452	2.16624	2.14822
5	2.63507	2.60865	2.58267	2.55713	2.53201	2.50730	2.48300	2.45909	2.43557	2.41243
6	2.88498	2.85269	2.82100	2.78990	2.75938	2.72942	2.70000	2.67111	2.64275	2.61489
7	3.08332	3.04560	3.00866	2.97247	2.93702	2.90227	2.86821	2.83484	2.80211	2.77003
8	3.24073	3.19811	3.15643	3.11567	3.07579	3.03679	2.99862	2.96126	2.92470	2.88891
9	3.36566	3.31866	3.27278	3.22797	3.18421	3.14147	3.09970	3.05889	3.01900	2.98001
10	3.46481	3.41396	3.36439	3.31606	3.26892	3.22293	3.17806	3.13428	3.09154	3.04982
11	3.54350	3.48930	3.43653	3.38514	3.33509	3.28633	3.23881	3.19249	3.14734	3.10331
12	3.60595	3.54885	3.49333	3.43933	3.38679	3.33566	3.28590	3.23745	3.19026	3.14430
13	3.65552	3.59593	3.53806	3.48183	3.42718	3.37406	3.32240	3.27216	3.22328	3.17571
14	3.69485	3.63315	3.57327	3.51516	3.45873	3.40394	3.35070	3.29896	3.24867	3.19978
15	3.72607	3.66257	3.60100	3.54130	3.48339	3.42719	3.37264	3.31966	3.26821	3.21822
16	3.75085	3.68582	3.62284	3.56180	3.50265	3.44528	3.38964	3.33565	3.28324	3.23235
17	3.77052	3.70421	3.64003	3.57789	3.51769	3.45936	3.40282	3.34799	3.29480	3.24318
18	3.78613	3.71874	3.65357	3.59050	3.52945	3.47032	3.41304	3.35752	3.30369	3.25148
19	3.79851	3.73023	3.66423	3.60039	3.53863	3.47885	3.42096	3.36488	3.31053	3.25784
20	3.80834	3.73931	3.67262	3.60815	3.54581	3.48549	3.42710	3.37057	3.31579	3.26271

찾아보기

[저자 약력]

• 한동협

부산대학교 졸업
서울대학교 대학원 졸업
한양대학교 대학원 졸업(경영학박사)
현재, 경원대학교 경영학과 교수

〈저서 및 연구실적〉
『재무관리의 이해』(학문사)
「무의결권 주식발행과 주주부의 연구」 외 다수

경영분석

2013년 9월 10일 중판인쇄
2013년 9월 15일 중판발행

저 자 한 동 협
발행인 유 성 열
발행처 **청목출판사**
서울특별시 영등포구 신길로 40길 20
전화 (02) 849 6157(代) · 2820
FAX (02) 849-0817
등록 제318-1994-000090호

파본은 바꾸어 드립니다. 값 13,000원

http : //www.chongmok.co.kr

ISBN 978-89-5565-262-8